心とからだの倫理学

エンハンスメントから考える

佐藤岳詩 Sato Takeshi

★——ちくまプリマー新書
381

目次 ＊ Contents

はじめに

本書は、医学や科学の技術を使って私たちの心や身体を作り変えたり、別のものに取り替えたり、その性能を強化したりすること、そうした心身への介入の良し悪しについて、倫理学の観点から考えていくものです。

現代社会では、さまざまな人体への介入の技術、薬などが開発され、それらはどんどん私たちの身近なものになっていっています。容姿を美しくする美容整形、運動能力を高めるドーピング、集中力や計算能力を高めるスマートドラッグなどは聞いたことがあるでしょうか。興味があって、利用してみたいと思ったことがある人、すでに利用している人もいるかもしれません。

とはいえ、ドーピングはスポーツの大会では厳しく禁止されていますし、美容整形について否定的なことを言う人たちもいます。ですから、自分の容姿に気になるところがあって美容整形に関心はあるけれど、そうした意見が気になって、どうしたら良いか分からない、という人もいるかもしれません。

本書で考えてみたいのは、こうした介入の倫理的な良し悪しです。たとえば、本当にドーピングは悪いことなのでしょうか。重量挙げの大会を考えてみましょう。確かに、一人の選手だけがドーピングをしていて、それで優勝したなら、それは卑怯《ひきょう》なこと、悪いことだと言えそうです。しかし、参加した選手全員がそれぞれに自分なりに工夫したドーピングをした上で競技に臨んでいたならどうでしょうか。美容整形についても、たとえば耳にピアスホールを開けることは最近ではかなり一般化していますが、それと一重まぶたを切開して二重まぶたにすることは、何が違っているのでしょうか。

本書の読み方

本書ではさまざまな心身への介入の事例について、最初から悪いとか良いとか決めつけることなく、悪いならなぜ悪いのか、良いならなぜ良いのかということを、さまざまな角度から考えていきます。冒頭で述べた「倫理学の観点から考える」とは、そのように、可能な限り、歴史的な文脈や事実を調べ、複数の意見を並べて、さまざまな介入の是非を精査していくことを指しています。みなさんも、本書を読みながら、一度自分の意見から距離をとり、「これまではこんな風に思っていたけれど本当にそうなのかな」と問いかけ、一緒に検討に参加してもらうことで、改めて自分なりの考えを持ち、自分の心や身体と向きあってもらえればと思います。

その際、本書では三つの視点を想定しています。第一に、自分自身がそうした心身への介入を行うかどうかを検討する当事者の視点。第二に、家族や友人、同級生のような周りの人がそうした介入を行っているというときに、その人たちとどう向き合うかを検討する周囲の視点。第三に、私たちが共に暮らす社会がどのようなものであるべきかを検討する社会の視点。ある事柄で当事者であっても、別の問題では周囲の視点をとることになるかもしれません。目の前の問題を考えねばならない場面もあれば、社会全体の将来を考える長期的な視点が必要な場面もあるでしょう。それぞれの視点を往復しながら、さまざまな問題を考えてみてほしいと思います。

本書では、いくつかの部分を除いて、基本的にはこちらから結論を押しつけるようなことはなるべく避けています。それがなぜかということは、第Ⅱ部の心への介入を扱う箇所や、第八章「善人をつくりだす」で論じていますが、一言で言えば、倫理を考える際には自分自身で考えることがとても大事だからです。学校で習ったこと、世間で常識になっていること、なんとなくそういう空気になっていることをそのまま単純に受け入れるのではなく、本当にそうなのか、もしかしたら違うんじゃないかと考えることが大切なのです。

とはいえ、あらゆる意見を中立に対等なものとして提案し、一度疑ってみよう、というスタンスの本というわけでもありません。たとえば差別は認めない、特段の理由なく人を傷つけてはならない、などのいくつかのことは前提としています。これはそれらを決して疑ってはならないということではなく、この本の目的はどちらかというと、何が差別になるか、何が人を傷つけることになるか、ということに焦点を当てているからです[1]。

もしかしたら、この本を読んでいても、これが正解です、というきっぱりとした結論が書かれていないせいで、結局どうしたらいいの、と思う箇所もあるかもしれません。ですが、その部分を自分自身の状況に当てはめて自分で埋める力をこそ、本書を読みながら養ってもらえればと思います。また、ほかの人との対話も考える助けになることがあるので、話しかける材料に本書を使ってもらうのもいいと思います。

心身に介入するってどういうこと?

さて、心身への医学的・科学的介入というのは具体的にはどんなことなのでしょうか。スポーツを題材に考えてみましょう。あなたが陸上の一〇〇メートル走の選手だとします。普段のタイムは一三秒ですが、怪我《けが》をしてしまったときは、足の痛みのせいで一五秒かかってしまいました。

このとき、人体への介入には二つのパターンがあります。第一に、怪我を治すための介入を行うことで、一五秒のタイムを一三秒に戻すことです。第二に、あなたの限界を超えた力を引き出すための介入で、一三秒のタイムを一一秒にすることとです。前者はマイナスをゼロに戻すもので「治療」と呼ばれるのに対し、後者はゼロをプラスに、プラスをさらなるプラスにするもので「エンハンスメント」と言われます。エンハンスメントという言葉はあまり聞き慣れないかもしれませんが、「増強」「強くすること」という意味の英語です。本書ではさまざまな治療の事例、エンハンスメントの事例、そのどちらとも言えない事例を取り上げていきます。

実際には治療とエンハンスメントはつながっていて、簡単に切り離せるものではありません。たとえば、スランプで一四秒に落ちていたタイムが薬の力で一二秒になった場合、これは治療か、増強か、微妙なところです。技術そのものを見ても、治療とエンハンスメントは連続していることがほとんどです。たとえば、美容整形の技術はもともと顔の傷を治す医療技術だったものを美容目的に応用したものです。第四章では認知能力を薬で増強して試験を受ける学生の事例が登場しますが、この薬は本来、発達障害の治療のために使われているものです。

だいたい治療だから良い、増強だから悪い、と単純に言えるものでもないので、とりあえずそんな区別があるということと、エンハンスメントという言葉があるということだけ覚えてもらえればいいと思います。いずれにしても、悪い状態から、普通の状態を経て、良い状態、より良い状態への身体を変化させていく介入が、本書で扱うものの範囲です。

治療や増強の事例を扱っていくにあたって、もう一つポイントがあります。それは、エンハンスメントは自然な変化ではなく、バイオテクノロジーによる直接的な介入を指すということです。たとえば、一三秒のタイムを一二秒にするために、あなたはさまざまなことをするでしょう。それは筋力トレーニング、無駄のないフォームを作っていくこと、食事の栄養バランスに気を遣うことなど多岐にわたるでしょう。しかし、そういったことは一般にエンハンスメントとは言われません。エンハンスメントは、筋力増強剤や遺伝子操作など、医学や科学の力を使って直接あなたの力を増強するものです。

ですから、たとえば教室での勉強によって知性を高めることは、たとえそこで用いられる教育法が科学的な知見に基づいたものであってもエンハンスメントではありませんが、薬を使ったり、脳に機械を埋め込んだりして、直接知性を高めることはエンハンスメントと言われます。

とはいえ、こちらも治療と増強の区別同様、常に明確に区別ができるわけではありません。たとえば、遺伝子操作で栄養が増幅された野菜を食べることがエンハンスメントなのか、そうではないのか、ということは非常に微妙です。したがって、エンハンスメントとそうではないものの間には明確な線があるのではなく、明らかにエンハンスメントである事例とその周囲に無数の微妙な事例があると考えてもらえればと思います。

本書の構成

本書で扱う題材は第Ⅰ部「身体」、第Ⅱ部「心」、第Ⅲ部「人間」というテーマでまとめてあります。第Ⅰ部の「身体」編では、外見を整えること、運動能力を増強すること、そして身体を機械で置き換えること、を考えていきます。第Ⅱ部の「心」編では、集中力や計算力などの認知能力を高めること、感情や性格を書き換えることを取り上げたあと、心と身体が交錯する場である性別について考えます。最後の第Ⅲ部「人間」編では、遺伝子操作を通じて人間のあらゆる限界を超えること、人間の道徳心を操作することの是非を考えていきます。

以上を通じて、私たちの心身への介入についてさまざまな角度から考え、私たちにとって身体や心がどういう意味をもっているのかを考える機会にしてもらえればと思います。また、このような話題を取り上げると「個人の勝手でしょ、したい人はすればいいんじゃない」という意見が必ず見られますが、当事者、周囲、社会の三つの視点のことを思い出し、「本当にそうかな」と思いながら読んでほしいと思います。[2]

なお、各章には、まずそれぞれの技術がどのような仕方で登場してきたのか、今どのくらいのことができるのかという事実のパートがあります。ついで、そうした事実をもとに、それぞれの介入を倫理的にどう評価するかという議論のパートが続きます。また、議論のパートには考え方のヒントとして、「倫理学の重要な考え方」も差し挟んであります。少し抽象的なものもありますが、どれもとても大事な考え方です。それらもヒントにしながら、事実に基づいて、自分の中でよく議論を行い、最終的に自分自身の意見に到達してもらえればと思います。

第Ⅰ部

「身体」をつくりかえる？

第一章　容姿を整える——美容整形の倫理を考える

第一章では、まず容姿を整えることについて考えていきます。と言っても、服装を着飾ったり、髪を切ったり、化粧をしたりするのではなく、もっと直接に身体そのものを変えることで見た目を変えること、いわゆる美容整形について考えます。最初に次の問いについて考えてみましょう。

Q：あなたの家族が急に目や鼻の美容整形をやってみたいと言い出したらどう思いますか。そして、なぜ自分はそのように思うのだと思いますか。その理由を考えてみてください。

肯定的な人、否定的な人、しっかりとした理由を思いついた人、なんとなくしか思いつかなかった人、さまざまだったと思いますが、今後、どの章でも最初に質問を投げかけますので、ぜひそれぞれ三分くらい時間を取って考えてみてください。

なお、私たちには、途中でおかしいと思っても最初に口にした自分の答えに固執してしまう心理的なバイアスがあることが、心理学者たちの実験によって分かっています。また、自分の支持する考えに味方する情報ばかりを検索し、その説への反対意見や疑問を表明しているものを見逃してしまう心理的なバイアスも知られています（確証バイアスと言います）。ですので、自分の意見を確認した上で、むしろ自分と違う意見にこそ耳を傾ける、これまでよりも視野を広げる、という姿勢を常に意識しながら、読み進めてもらえればと思います。

さて、手術を受けたことを公言する芸能人や、動画サイトやSNSで体験談を語る人たちが増えてきていることもあり、今日、美容整形は若い人たちの間では比較的受け入れられてきているように思います。日本での年間の件数も年々増加しています。他方、美容整形に対して否定的な態度をとる人たちもいます。そういう人たちは、美容整形の手術を受けた人を誹謗《ひぼう》したり、「あの人って整形なんだよ」と殊更に言い立てたりすることがあります。

では、美容整形を受けることには何か、倫理的に良くないことが含まれているのでしょうか。それとも、そんなことは全然なく、化粧やファッションと同じように、外見を飾る技術の一つとして、それぞれに楽しめばよいのでしょうか。

1　美容整形の歴史と現状

まずは、美容整形という技術がどのようにして登場し、受け容れられてきたのかを簡単に見てみましょう。どんな技術にもそれが発達し利用されてきた文脈があり、それを抜きにしては表面的なことしかわかりません。あるいは二章以降の別のテーマと比較したときに、それぞれが、たとえば「心身二元論」といった同じ発想に基づいて発展していることなど、横のつながりを見て取ることもできますので、心身の改変全体の理解を深める助けにしてみてください。

紀元前から、人類は身体の見た目を加工してきたことが、骨の状態や土偶の形などから分かっています。[3] たとえば、入れ墨、ピアス、瘢痕文身《はんこんぶんしん》（身体にわざと傷をつけて、傷痕で文様を描くこと）などは古代からずっと行われてきました。ただし、当時のこうした加工は美容目的よりも、イニシエーション、魔除けなどの側面が強かったと言われています。医療技術が発達していなかったため、危険を伴う加工を行うことは、自身の勇気を示すことでもありました。一方、刑罰としても身体の加工は行われてきました。消せない刻印としての入れ墨の他にも、古代インドでは鼻を切り落とす刑罰がありました。そして、それに対応する形で、鼻を再建する手術を行う医師も登場しました。

中世のヨーロッパではキリスト教的世界観が広まるにつれて、身体加工は忌避されるようになっていきます。特に、身体は神からのいただきものであり、自分の都合で加工することは慎むべきという考えがあったと言われます。修道院で暮らす敬虔《けいけん》な信徒の中には、重い病気さえも、神が与えたものとして、あえて治療をすることなく受け容れる人々がいたと言われています（とはいえ、一般の人たちはそこまで強い信心から加工を避けていたわけではなく、単に医療の未熟さなどによる事故を避けていたとも考えられています）。

近世になると、いわゆる「心身二元論」が発達してきます。心と身体はまったく別のものであるという考え方です。その中で、心＝私、身体＝私（心）の所有物、というふうに人々の考えは徐々に変わっていきます。大事なのは身体を所有している心の方だというわけです。ここから、私の所有物である身体は心に従わせる形で操作してもいい、という考え方の素地ができていきます。

近代に入って、実験と観察を重視する科学が発達するとともに、医療のレベルも高まっていきます。その中で第一次大戦期（一九一〇年代）には、特にイギリスやアメリカを中心に、負傷兵の顔の再建手術が多く行われ、技術が蓄積されていきます。これは、この頃に機関銃が戦争に本格的に投入され、流れ弾や跳弾《ちょうだん》で顔を傷つけられる兵士が続出したためとされています。戦場で顔に負った傷を治してから故郷に帰らせる、そのために顔を整える医療技術が発展したのです。

　ここには二つの理由があったとされます。第一に、「ひどい傷を負い、醜くなってしまった男たちは、家族にそんな姿を見せたくなかったのだ」[4]という家族に対する理由、第二に、「兵隊（すべて男だった）にとって、戦時中の外科手術は経済的に自立することが目的だったからだ」[5]という就業のための理由です。顔に大きな傷があると、家族が悲しい思いをする、除隊後に一般の仕事に就くことが難しい、そういう理由から、戦場で負傷兵たちは外科手術を受けたのです。

　第一次大戦が終了すると、戦場で開発された再建技術が、民間に応用される形で形成外科が誕生します。同時期に、心理学者たちによって、劣等感、コンプレックスという概念が発明されます。もちろん、それまでも人々はさまざまなことに劣等感を覚え、コンプレックスを持っていたのですが、この時期にそうした感覚に病名が与えられ、それは治療されるべきものだと明確にされたのです。このような操作は「医療化」と呼ばれますが、そこから、外見が原因の精神的不安定も治療の対象にしてよいのだという考え方が広まり始めます（この

「医療化」は今後のテーマにも共通する重要な概念です）。すなわち、戦場で負った傷でなくても、劣等感やコンプレックスをもたらすような外見は治療してよいというふうに人々が考え始めたということです。

さらに、当時、メディアの発達によって力を得ていた広告業界によって、人は外見による第一印象がすべて、という「第一印象の神話」が語られるようになります。人々は映画、広告などを通じて、美しい見た目とはこうしたものなのだ、というイメージに強くさらされていく中で、「自分もあんな見た目を手に入れられたら」という憧れを抱くようになっていきます。

第二次大戦後（一九五〇年頃〜）、平和になった国々では、単純な強さだけでなく、美しさと若さがより良いものであるという価値観が拡がっていきます。テレビが家庭に普及するようになり、メディアも繰り返しその価値観を強調しました。美容業界も資格整理などによるイメージアップを図り、美容整形は怪しい技術ではないとアピールしていきます。日本でも一九五〇年代にはすでに婦人誌などで二重まぶた、豊胸といった施術が紹介されています。

そして、美容整形全盛の時代がやってきました。日本では二〇〇一年、ヒアルロン酸注射を主としたメスを使わない安価な整形を指す言葉として「プチ整形」が登場すると、翌年には新語流行語に選ばれるほどの爆発的な拡がりを見せました。現代では本当に多くの人が、気軽に美容整形を受けるようになってきています。[6]

では、現在、美容整形はどんなものが、そしてどのくらい行われているのでしょうか。国際美容外科学会が二〇二〇年に発表した調査結果によれば、推定件数の上位五カ国はアメリカ、ブラジル、中国、日本、韓国です。[7] 特に、アメリカとブラジルでの件数は突出しており、両国の合計だけで世界全体の四分の一を占めていると推定されています。六位以下には、インド、メキシコ、ロシア、トルコ、ドイツが続いており、施術は世界中で広く行われていることがわかります。

次に、同じ国際美容外科学会の調査によれば、主な手術は豊胸、脂肪吸引、まぶた手術、しわ取り、鼻形成などとなっています。日本では外科手術をともなうものとしてはまぶたの手術が圧倒的に多く、次いで顔のたるみを取るフェイスリフト、鼻の形成などが続きます。[8] 非外科的なものとしてはボツリヌス菌毒素の注入によるしわとり、ヒアルロン酸の注入による顔の造形、レーザーによるシミなどの治療、脱毛、脂肪除去などが目立っています。

また、日本の男女比では男性が約二五万件に対し、女性は一七〇万件に上っており、世界全体でも男性の割合は一三%ほどです。年齢について、日本のデータはありませんが、世界では三五－五〇歳が約二八〇万件で最も多く、次いで五一－六四歳が約一五〇万件、一九－三四歳が約一三〇万件となっています。美容整形は若い人がするもの、というイメージを持っていた人がいるかもしれませんが、実際はアンチエイジング目的の処置も多いため、必ずしもそうしたイメージは正しいわけではないことが示されています。

まとめると、美容整形は地域としてはアメリカ、ブラジル、中国、日本、韓国などで多く行われており、顔、胸の手術、脂肪の除去などがメインとなっています。また利用者には女性が圧倒的に多く、年齢では三五－五〇歳の人が多数ということになります。

2 なぜ美容整形を行うのか

では人々はなぜ美容整形を行うのでしょうか。実際のところ、人々が美容整形を行う理由、背景は多様であって、全員に共通の理由は存在しません。したがって、「美容整形をする人は、皆〇〇なんだよ」のような言い方は基本的に通用しません。

倫理学の重要な考え方①「少ない事例から一般化をしない」

観察で得られたデータから一般的法則を導き出すことは、「帰納法」と呼ばれる立派

な推論方法ですが、十分な数のデータに基づいていない場合、それは根拠のないただの「当て推量」になってしまいます。少ない事例からの一般化は避けねばなりません。

この考え方を踏まえると、自分が知っている何人かについての印象から、すべての人がこういう人だ、と推論するのは慎まねばなりません。特に、メディアに登場する人は、特定の特徴を持った人をわざと選び出している可能性があり、そうでない人もたくさんいます。SNSなどで体験談などを発信しているのも、多くは自分で人前で語る力を持っている人です。

そのため、テレビやインターネットなどで見たことがある数人についての印象から、美容整形を行う人はすべてこのような人に違いないと推論するのは危険です。私たちはしばしばこのような安易な一般化をしてしまいがちな上、それにさまざまな偏見を混ぜることすらあります。自分の持っているデータが一般化を行うことができるほど、十分なものかということには常に注意を払う必要があります。

では美容整形を行う理由について一般的なことはまったく語れないのでしょうか。さすがにそんなことはなく、いくつかの主要な理由はあります。以下では、それらを簡単に見てみましょう。なお、ここで挙げた理由は主に社会学者の谷本奈穂が二〇〇五年に大学生を対象に行ったアンケート調査を参考にしています。[9] 詳しいデータが知りたい人はそちらも参考にしてみてください。

他者からの評価を得るため

美容整形において、他者からの評価を得るため、というのは主要な理由の一つです。ここにはより肯定的に評価されるためという積極的なものと、否定的に評価されるのを避けるためというやや消極的なものがあります。

肯定的な評価を得るための中には、意中の相手に好かれたいというものもあれば、友人や同僚に良い印象を持たれたいというものもあります。また、社会的に注目を集めたいから、という場合もあります。近年では「エロティック・キャピタル」「美容資本」という言葉がありますが、これは美が何かを得るための資金のような力を持つということです。[10] 美容整形を通じて美容資本を増やし、それをもとに、社会的な成功を目指すということも現代社会では美容整形を行う理由の一つと言えそうです。

他方、同じように他者の目に関わりますが、積極的なものではなく、むしろ見られたくない、自己防衛という消極的なものも挙げられます。たとえば、容姿を馬鹿にされたから、容姿に強い劣等感があるから、などです。これらはいわゆる「苦悩の軌跡」と呼ばれます。外見のせいで苦悩に満ちた人生を送ってきたから、その苦悩を解消するために、美容整形を行うのだ、というストーリーです。テレビ番組などでは、この人はこうした辛い人生を送ってきたから、美容整形を行うに至ったのだ、という感動の物語とセットにして消費されることが多いようです。しかし、これはあくまであり得る理由の一つに過ぎず、美容整形を行う人がみな、コンプレックスを抱えているというわけではありません。

また、強い劣等感でなくても、（特に、女性は）美しくなければならないからという理由もあります。これは「美の神話」とも言われますが、容姿が悪いと社会的に不利益を被るため、やむを得ずに美容整形に踏み切るというものです[11]。「男性は強く、女性は美しくなければならない」という美の神話は社会に根強く、テレビや雑誌などのメディアでも繰り返し強調されているため、逃れるのが難しいものです。近年では、そうしたルックスによって人の価値を決めるような考え方は「ルッキズム」と呼ばれ、批判の対象になっています。

美容整形を行う人は、外見で人を評価する社会が直ちに変わることがない以上、積極的に何かを得たいというよりは、ルッキズムの犠牲者にならないために容姿を変えようとしているのかもしれません。

その他にも、知っている誰かがしているから、というものが挙げられることもあります。近年、プチ整形と呼ばれる切らない整形が登場したことで、美容整形のハードルは一気に下がりました。その結果、前述した苦悩の軌跡のような深刻な事情抜きに、気軽に整形を行う人々が増えてきました。また、インターネットなどで、自身の体験を語る人も増えて、身近になったということもあります。そのため、モデルや芸能人がしているから、身近な人がしているから、流行《はや》っているから、などの理由から美容整形を受ける人も増えてきました。

特に、谷本の調査によれば、「友人がしているから」という理由は女性の場合にかなり多くなっています。谷本は「ある種のコミュニケーションとしての整形」という言い方をしていますが、友人が勧めたものを自分もやってみる、という仕方で整形を行う人も増えてきているようです。

自分を変えるため、自分らしくなるため

前述の理由が主に他人の目に映る自分を気にするものであったのに対し、自分の目に映る自分を気にする理由もあります。今の私は嫌いなので捨てて、別の「私」に生まれ変わりたいから、というものや、今の私は偽物なので、姿を変えることでより「本当の私」を表現し

たい、というものがあります。どちらも、現在の身体に不満があるのですが、その表れ方は異なるものになっています。

身体はイメージだと言われることがあります。たとえば、自分の顔を自分で直接見ることはできません。私たちは多かれ少なかれ、鏡などに映ったものなどを通して、自分の顔はこういう顔だというイメージを作りだし、こんな顔だと語っているのです。そのため、どんな顔が本当の私の顔か、は実は人によって理解が異なっており、それによって美容整形を行う理由も変わってくるのかもしれません。

また、自分にかかわる理由の場合にも、そこまで大仰な理由などない場合があります。その最たるものは、「ちょっとした」自己満足のため、というものです。これは苦悩の軌跡の対極にあるようなものです。「ちょっとした」オシャレのため、「ちょっとした」気分転換のため、美容整形を行う人も増えてきています。

たとえば、日本で多く行われているものの一つが、一重まぶたを二重まぶたにするというものですが、これは確かに一重であることに苦悩して行われることもありますが、簡易なテープや接着剤を利用するメイクの延長として行われるものでもあります。こうした形で美容整形を行った人からは、気分があがる、化粧が楽しくなる、などの感想が述べられます。

美容整形を行う理由は一つではない

さて、ここではそれぞれ理由を分けて書きましたが、実際には複数の理由が複雑に絡まっている場合が多いと思われます。たとえば純粋に自己満足のためだけ、ということはなく、自己満足のためではあるけれど、他人の目も気にしている、という場合がほとんどでしょう。谷本は「美容の理由として「自分が心地よくあるため」、「自己満足」が最重要であると考えて良い」としつつも、以下のように述べています。

もう少し詳細に分析を進めると、美容整形を望む人ほど「自分」以外の「他者」を意識した理由も現れる。……他者に評価されるため、あるいはバカにされないために、または若く見られるために、美容整形を行いたいというのである。したがって、美容整形はあくまで「自分の心地よさ」（あるいは自己満足）のために行うのだと語りつつも、その「心地よさ（満足）」とは、「他者による評価」と結びついている可能性がある。[12]

いずれにしても、美容整形をする人は誰もが苦悩の軌跡を抱えているとか、逆に誰もがちょっとした満足を求めて美容整形をしているのだ、と決めつけないことが重要です。人にはそれぞれの事情があり、その中で自分にとって良いと信じたものを選択しているのです。

3　美容整形は倫理に反するか

ではここからは、美容整形の倫理面について検討していきましょう。現実にはほとんどの人は倫理的な理由から美容整形を控えているわけではありません。ある美容サロンの調査によれば、美容整形に抵抗があると答えた人は七七％ですが、その理由の一位は「費用面（一九％）」、二位は「失敗しないかなど完成度（一八％）」、三位は「痛み（一五％）」となっています。[13]たいていの人は美容整形は悪いことだから行わない、と考えているわけではないのです（美容サロンによる調査なので、そもそも美の追求自体は肯定する人の割合が高めであった可能性はあります）。

それでも、美容整形に反対する言説は多くみられます。たとえば、かつて自分は整形中毒だったと語るA・クチンスキーの著書『ビューティ・ジャンキー』には次のように書かれています。

美容整形への反対論は数多く存在する。批判する人の大半はこう言う――体の完璧さを求めるのは虚栄心の表れで倫理に反しており、無知で軽薄な者の領域だ。完璧な乳房やお尻という褒美を自分に与えるのは、その金銭的余裕のない人に対して不公平だ。美容整形という処置全体が人間性の侵害であり、絶対に不自然な行為である。[14]

彼女は新聞などに書かれたこうした言説をいくつも紹介している他、自らを語る「ビューティ・ジャンキー」という言い方にも否定的なニュアンスをこめています（「ジャンキー」という言葉は典型的には「麻薬中毒者」を指します）。では、美容整形は倫理に反するのでしょうか。以下では倫理面にしぼって美容整形の是非について考えてみたいと思います。そのため、本来はあり得ないことですが、美容整形のリスクはいったん考えないこととします。危険で不確実な技術は批判されて当然ですが、それは美容整形そのものが悪いものかどうかとは別問題です。そうではなく、安全に確実に美容整形が行われるとして、それでもなおそこに悪いものがあるかどうか、ということを問題にしたいのです。

以下では美容整形を批判する意見、その批判に対する反論を一つずつ見ていきます。その際、第六章と最終章以外の章では、反対派の意見を先に紹介し、次にそれに反論する肯定派の意見を紹介していきます。これはエンハンスメントの文脈においては、まず新しい技術が登場する、その技術の使用を批判する人たちが現れる、その人たちに反論して使用を肯定する人たちが現れる、という流れが一般的だからです。とはいえ、どの議論でもそのまま肯定派が勝利しているというわけではなく、たいていは反対派のさらなる再反論があります。紙幅の都合上、そうしたやりとりのすべてを紹介することはできませんが、読者の皆さんには、どの意見が説得力をもつか、どんな反論が可能か、ぜひ自分自身で考えながら、以降を読んでみてもらえればと思います。

論点一　美容整形を行う人は自分の身体を大切にしていないか

最初に見てみたいのは、美容整形の話をしていると、しばしば登場する「親からもらった身体なんだから、大事にしなくちゃいけないよ」という意見についてです。美容整形は身体を大事にしないことなのでしょうか。

反対派①　親からもらった身体に自分の都合で傷をつけることは許されない

孔子の言葉に「身体髪膚これを父母に受く　あえて毀傷《きしょう》せざるは孝の始めなり」というも

のがある。[15] これは親に対する孝とは何かと聞かれた孔子が、身体はすべて両親からいただいたものであって、それを傷つけないようにすることがその第一歩だ、と説いたものとされる。

私たちは皆、誰かの子どもとして生まれてくる。その際、ほとんどの親は自分の子どもが怪我などをすることなく、健康に生きることを望むものだ。私が傷を負えば彼らは同じように傷ついた気持ちになるだろう。親からもらった身体を大事にせず、自分の都合で傷つける美容整形は認められることではない。

肯定派① 美容整形はより良いものを手に入れるための処置なので許される

孔子が正しいとしても、美容整形をしてはならないことにはならない。私たちは日常的に、髪や爪などを切っているし、傷をつけることが一切禁止されるならば、予防接種やがん細胞の切除などの医療行為も禁止されねばならない。だが、それは明らかにおかしい。許されないのは、自分の身体を害するような傷の付け方だけだ。適切に行われる美容整形はむしろ利益をもたらす行為なのだから、この批判は成り立たない。むしろ自分の身体が大切だからこそ、それをより良くしようとして、美容整形の処置を受けるのである。

議論の出発点として「親からもらった身体を大事にする」という論点について見てみましたが、どうでしょうか。肯定派①に出てきた、傷をつけることが駄目なら、他のあれもこれも駄目になってしまう、という論法は次の普遍化可能性の原則という考え方に則った反論になっています。

倫理学の重要な考え方② 「普遍化可能性の原則」

倫理的な判断は普遍化できなくてはならないという考え方です。普遍化というのは「すべて」という形にできる、ということです。「これは〇〇であるから悪い」などの倫理的な判断は、特別な事情がない限り、「〇〇であるものはすべて悪い」と普遍化できなくてはなりません。

普遍化可能性の原則を踏まえると、「美容整形は身体に傷をつけるから悪い」と判断するなら、「身体に傷をつけるものはすべて悪い」と言えなくてはなりません。ある理由で何かを禁止するなら、その理由があてはまるすべてのものを禁止しないとおかしいのです。そう言えないのなら、それとは別に本当の理由、もっと重要だと思っている理由が隠されていることがほとんどであり、そちらをこそ議論する必要があります。

確かに、肯定派が言う通り、身体に傷をつけることの全てが親不孝だとは考えにくいように見えます。では、ここでの隠れた本当の理由とはいったい何でしょうか。たとえば、親は自分の子どもに自分の身体を不完全なものだと思ってほしくないのかもしれません。子どもが共有している自分の要素が否定されるのを恐れているのかもしれません。かつて、身体は神様からのいただきものであり、寿命を全うしたならば、なるべく傷をつけずにお返しすることが大事なことだとされていた時代もありました。

しかし、現代を生きる私たちの多くは、私たちの身体は私たちのものだと思っています。いくら親が子どもの身体を自分自身のもののように（あるいは自分のもの以上に）心配しているとしても、子どもの身体は子どものものです。親からもらった身体を傷つけないことは親に対する優しさかもしれませんが、それはより良くするために手を入れることを禁止するような根拠にはならないように見えます。

しかし、美容整形に否定的な人は、次のような批判を続けることがあります。

反対派②　美容整形を行う人は安易な手段に逃げており、本当の自分に向き合っていない

美容整形は、自分の身体を大事にすることではないし、「本当の利益」をもたらすものでもない。そうした人々は内面を磨かず、外見を飾ることに気を取られている。自分に起きる悪いことを見た目のせいにして、美容整形によって美しくなりさえすれば問題が解決すると思っているのではないか。本当に必要なことは、自分を否定して消そうとすることではなく、現在の自分、現在の身体と向き合い、それを受け入れ、良いところを見つけ、伸ばしていくことではないのか。

肯定派②　使い方が悪いのであって、美容整形そのものが悪いわけではない

確かに、そのような人もいるかもしれない。だがその場合でも、それはその人の美容整形の追求の仕方が悪いのであって、美容整形そのものが悪いわけではない。必要なのはそのような状態に陥ってしまわないように、見た目で何でも判断される社会を変えること、カウンセリングやアフターケアの充実などを通じて健全に美容整形を行えるような社会環境を整備することであって、美容整形すべてを禁止することではない。実際、美容整形によって、自信をもち、それまでできなかったいろいろな活動を行えるようになった人もたくさんいる。

ここで美容整形に反対する側は、肯定派①にあった美容整形は自分の身体を大事にすることであり、自分にとって利益をもたらす、という点を批判しています。美容整形を行う人は身体の外見を飾ることに夢中になって、内面を磨くことを怠っており、それは長い目で見たときに、本当の幸福につながるものではないのだ、というわけです。

確かに、現在、どんな技術をもってしても全身のすべてを取り替えることは可能ではなく、結局の所、私たちはある程度は自分の身体を受け入れて生きざるを得ません。どこまでも身体の改変を求め続けるのでは、永遠に満たされず、幸福にはなれません。どこかで自分自身と向き合わねばならない、という点では、反対派の考えにも肯《うなず》けるところはあります。

しかし、それ自体悪い技術と、それ自体は良くも悪くもないものの、使い方によっては悪いものになってしまう技術は区別する必要があります。肯定派は、まさに美容整形とは後者の技術であると考えています。そのため、反対派の忠告は忠告として受け入れつつも、美容整形を受ける人が適切な範囲で満足できるような環境を作っていくことにこそ、力を入れるべきだと彼らは主張します。私たちの前にあるのは美容整形をまったく受けないか、永遠に追い求めるかの二択というわけではありません。少しの手術で日常が明るくなって生きにくさが解消するなら、それでもいいし、そのような形で使えるようにすべきだ、と肯定派は考えているのです。

肯定派のこの反論が通るかどうかは、そのような良くない使い方を誘発する可能性がどれくらい高いかに依存しています。たとえば麻薬や拳銃は、悪い仕方で使われる可能性、危険性が高く、安全に使えるような環境を整備するよりも完全に禁止した方がよいため、日本では使用や所持が禁止されています。他方で、酒や煙草は依存の可能性があるとしても、良くない使われ方をする可能性がそこまで高く見積もられておらず、そのために流通が許可されています。

では、美容整形が不利益をもたらす可能性はどれくらい高いでしょうか。これについては、データがありませんので、確実なことは言えません。とはいえ、美容業界やメディアなどが、美容整形にとらわれて、最終的に不利益を被ってしまう人を生み出しやすいような仕方で広告を出し、私たちを誘惑しているとしたら、それは捨て置けないでしょう。人が美容整形から不利益を被ったとしても、その責任は個人だけではなく、そのような道を用意した美容業界やメディア、社会の方にもあるということは心に留めておくべきです。

論点二　美容整形は私だけの問題か

さて、二つ目の論点は、美容整形の及ぼす影響についてです。美容整形の問題を考えると「個人の問題なんだから、したい人はすればいいんじゃない」という答えがしばしば返ってきます。しかし、この本全体を通じて考えてみてほしいことの一つは、本当にそうだろうか、ということです。次の反対派③は、美容整形が個人的な問題にはとどまらない可能性を示しています。果たして肯定派③はそれに十分に答えているでしょうか。

反対派③　私たちの身体や行為は純粋に個人的なものではなく、社会的なものである

美容整形を求める人は、消費社会が作り出すモノに心を奪われ、欲望を刺激され、背後の美容業界、製薬会社に利用されている。しかも、そこで作り出されている欲望は「男性は強くなければならない、女性は美しくなければならない」という悪しき神話の刷り込みに基づいている。それは美容整形を受ける男女の数の違いを見れば明らかだ。そのような美の神話に従うということは、その神話を肯定し、強化することにつながる。誰かが美容整形を受けているならば、私も受けなければならない気になってしまう。そして、私が受けたならば、それを見た他人もまた、受けなければならない気になってしまう。それは見た目の男性らしさ、女性らしさを強調するジェンダー規範を強化、固定化し、結果として、皆が生きにくい世界を作り出すことに加担することになる。

ここからわかるように、美容整形のような外見を操作する行為は決して個人的な行為にとどまるものではなく、むしろ他人の美容整形をしない自由を奪うような行為なのである。必要なことは美容整形を行うことではなく、仲間たちとともに自分の特徴を大事にしながら、ルッキズムや差別に反対することではないか。

肯定派③　美容整形はジェンダーから人を解放しうる

確かに美容整形を受けてみたいという気持ちが、美容業界や広告業界、メディアなどによって生み出されているという側面があることを否定することはできない。

しかし、第一に、誰かの影響を受けることは、それ自体としては、悪いこととは限らない。私たちはスーパーマーケットの広告を見て晩ご飯の献立を決め、アスリートの活躍を見て自分も運動を始める。芸能人の容姿に憧れて、似たような髪型にしてみる。そうしたことは私たちの日常の一部である。出発点が何であれ、破滅しない程度になら、私たちは主体的に楽しんでもいいのではないか。外見を飾ることは、それ自体として楽しい経験であり得る。全員に美の追求を禁止するよりも、すべての個人がそれぞれ自由に美を楽しめるような社会を作ることこそ大事ではないか。

そして第二に、そうした美の神話に基づく批判は美容整形の内実を十分に捉えていない。女性が皆、男性を意識して美容整形を受けているわけではない。もちろん、現在の女性の美は男性の目線によって作られているという要素をもつかもしれない。しかし、これからもずっとそうであるとは限らない。むしろ、与えられた固定的な身体を変えられる、アイデンティティを再構築できるというエンパワーメントの効果を、美容整形の可能性はもっている。いわゆる古い「女性らしさ」ではなく、それをもっとはるかに飛び越えた姿形を、私たちは追求していけるかもしれないのだ。

自由主義社会の基本的なルールの一つとして、「他者危害の原則」と言われるものがあります。通常の判断能力がある人物は他人に危害を加えない限り、たとえ他人から見て本人のためにならないように見える行為であっても、自由に行う権利がある、という考え方です。それからすると、美容整形も個人が自分の身体で完結する以上は、他人に危害を加えるものではないので、規制されるべきではない、ということになります。

それに対して、反対派が指摘するのは、美容整形は個人の中で完結するような行為ではないということです。たとえば、次のような状況を考えてみてください。あなたと友人は美容整形に対してルッキズムの観点から否定的なイメージをもっているとします。しかし、夏休みが終わるとあなたと友人以外の生徒全員がまぶたを二重にしてきました。あなたはまぶたの手術を受けずにいられるでしょうか。さらに、冬休みが終わると、クラスメイトたちは鼻の整形も行ってきました。今や、鼻が低いのはあなたと友人だけです。あなたは鼻の手術を受けずにいられるでしょうか。そして、もしあなたが手術を行ったなら、それは友人に対して多大なプレッシャーをかけることにはならないでしょうか。しかも、このとき、クラスメイトのほとんども、本心では美容整形に対して否定的で、「周りにあわせているだけ」かもしれないのです。

さらに、反対派は次のような事例も考えるように言います。たとえばあなたが眼の形や肌の色などの自分の身体の人種的な特徴のゆえに、差別にあったとします。結果としてあなたはその特徴を憎み、それを美容整形によって消したとしましょう。その場合にはあなたが、その整形は個人的な行為だ、とどれだけ言い張ったとしても、その特徴を備えた仲間たちは否定された気持ちになるのではないでしょうか。

この批判にはある程度説得力があります。実際、大学に入ると女子学生の多くは化粧をはじめます。そして社会に出れば、女性の化粧はマナーだとまで言われます。それを重荷に感じる人たちにとって、このルッキズムの社会はとても生きにくい世界です。まして美容整形が当たり前になって、美容整形を受けていなければ就職がないとか、容姿を整えることが人前に出るときのマナーだとかいった事態にまでなってしまったとしたらどうでしょうか。

もちろん、それは悲観的過ぎると言われるかもしれません。しかし、身体の改変についての議論でよく登場する纏足《てんそく》やコルセットの着用などは、[16] しばしば社会が特に女性たちに対して自ら身体を改変するよう圧力をかけてきたということの実例です。

『美容資本』を著した小林の調査によれば、性別を問わず容姿が美しい人の方が得をすることは、少なくとも現代の日本社会においては否定できません。そして、女性の方が美を求められる、求めるということもまた、美容整形を行う人の男女比から見ても明らかなようです。そのような状況の中で、美容整形を行うということは、整形を行わない人よりもこの社会状況の中で優位にたつということであり、同時に、その「女性は美しくなければならない」という社会状況を肯定してしまうことにつながる要素を避けがたく持ちます。それはそのレースに乗れない人にとっては大きな苦痛を与えるものになります。

肯定派もそのような問題の可能性があることは認めます。しかし、その上で彼らは、特に美の神話に基づくような批判は男性対女性の構図にとらわれすぎていて、現実をみていない、と指摘します。谷本は自身の調査によって、実際には身の回りの女性同士の身近なコミュニケーションの中で、多くの女性は美容整形を選択している、という点を強調します。[17]その際、人々は、女性が美しくあるべきだという規範に従っているのではなく、「わたし」や「仲間たち」が身近な範囲で美しくあろうと考えているに過ぎません。その意味では、ジェンダーを固定化、再生産しているわけではないというのです。女性たちは男性を意識して「女性として」美を追究しているとは限らず、むしろ、ただの一人の「人」としてジェンダーから自由に手の届く距離で美を楽しもうとしているのだとも考えられるのです。[18]

さて、皆さんはどう考えるでしょうか。そんな自由な選択などできない、と考える人もいるかもしれません。実際、ファッション誌などで取り上げられるのは、ほとんどの場合に女性としての美、女性らしさとしての美です。そこから逃れて選択をすることは容易ではありません。もちろん、一人一人の選択は、ジェンダーを固定しようという意識に基づくものではないでしょう。しかしそれでも、そのような選択がたくさん集まると、結局、女性らしい美しさが求められる社会は温存されてしまうでしょう。

　ここには本書で繰り返し提示される、非常に大きな問題の構造が示されています。すなわち、個人が自分の幸福を追求したり、不利益を回避したりするための行動が、それ自体は悪いことではないとしても社会の中で積み重なって、（そんなこと望んでいなくても）誰かに不利益を与えてしまう可能性があり、その場合、各人はその行動を慎むべきか、ということです。

　これに対して、二つの応答があります。第一に、いくら悪気はないとしても、結果として誰かが不幸になるのなら、そのような行動はやめた方がいいという応答。第二に、各人には自分自身の幸福を自由に追求する権利があるのだから行動を慎む必要はない、他人の不利益はそれをもたらす不当な社会構造の是正によって、対応されるべきだ、という応答。反対派は一つ目の応答、肯定派の②や③は二つ目の応答に依拠していると言えそうです。

　肯定派が言うように、美を求める個人の営みや努力は肯定しつつ、美によって人を判断する社会構造を解体していくということは本当にできるのでしょうか。それとも、美を求める人が一定数いる限り、そうした社会構造の再生産は避けがたいのでしょうか。皆さんは、どう思われるでしょうか。

論点三　美容整形は個性を失わせるか

次は美容整形と個性の問題です。特に、美容整形が一般化していくと、皆が同じ顔になるのでは、という危惧はしばしば聞かれます。実際のところはどうなのでしょうか。

反対派④　美容整形は人々の画一化をもたらす

美容整形の肯定は、人々の画一化をもたらす。私たちの想像力はメディアによって与えられたものの範囲でしか働かない。そうすると皆が同じ顔に価値を見いだし、それを目指そうとする。そこでは個性は失われ、似た顔の人ばかりが街を歩くことになる。

人間の顔はその人そのものを表す鏡である。私たちは顔からその人そのものを想像する。刻まれたしわはその人が辿《たど》ってきた人生、歴史を表す。親から受け継いだ姿かたちは、遠い祖先とのつながりを示している。その人だけの個性や物語を、美容整形はなくしてしまう。

肯定派④　美容整形はむしろ美の多様性をもたらす

そもそも皆の顔がある程度似たところで、それ自体は別に悪いことではない。個性を尊重するというのは「違ってもいい」、であって、「違うことがいい」とか「同じではダメ」ということではないはずだ。その上で、画一化はメディア側の問題であって、モデルの在り方が多様化すれば、画一化にも歯止めがかかる。さらに長い目で見たなら、これから美容整形の技術が多様化して、可能なことの範囲が増えていけば、より多様な価値観が育まれるだろう。

伝統や歴史は重要であり得るが、常に決定的な理由になるわけではなく、私たちの未来に向けての「私はこのように生きたい」という想いを否定する力を持つわけでもない。親との関係が良くなく、むしろその痕跡を消したい人だっている。単に与えられた姿かたちに満足するのではなく、自分の未来を自分で思い描き、実現していく仕方にこそ「私」の個性は現れるのではないか。

ディストピアものの小説や映画、漫画などでは、美容整形を受けて同じような顔になった人たちが市中に溢《あふ》れている、といった描写がなされることがあります。しかし、本当にそんな未来はくるのでしょうか。またそれは悪い社会なのでしょうか[19]。現代でも私たちは文化ごとに似通った服を着ていますし、時代ごとに似通ったメイクをしています。外見が似てしまうことは他者とともに暮らしている以上、ある程度は避けがたく、それを認めた上で、次のステップを考えることの方が肝要だと考えることにはもっともらしさがあります。

ファッションの哲学の研究をしている井上雅人は、「人々は、男女を問わず、社会的に決定された身体像に閉じ込められており、それから自由になることは不可能である。服を着たり、髪や髭《ひげ》を整えたり、化粧をしたりして身体を形作るには、誰であれ、何らかの社会的イメージに縛られる」として、あらゆるファッションは差別的、抑圧的な構造を含むと言いつつ、次のように述べます。


こういった束縛や抑圧の構造に対して私たちができることは、複数の美意識の体系を持つことだろう。突破口としてまず、自分にとっては美しいとも着たいとも思えない服をじっくり見て、この服に魅力を感じる人は、どういう感性や考えの持ち主かと想像してみることが有効だろう。

ファッションについて考えることは、他者について、他者の内側に入り込んで考えることでもある。人の服装を見て変だと思ったとしたら、なぜ自分は変だと思っているのかを考えるべきであろう。なにしろ昔の人類の着ていた服はすべて、現代の人々にとっては変なのだ。自分の頭の中で参照している「普通の服」は、いつの間にか頭に忍び込んできた、人間とはこうあるべきという同時代の支配的な観念である。それを、普遍的で取り替えの効かないものだと思わないことが肝要である。
幸い、ファッションは終わりのない抑圧の構造ではあっても、常に移り変わる構造である。ファッションが露骨な抑圧のシステムでありながら、喜びや楽しみになるのは、人々が騙《だま》されて麻痺《まひ》しているからではなく、そこに逆転があるからだ。絶え間なく転覆を繰り返すことによって序列が入れ替わるファッションの構造には、差別を固定化しない柔軟さがある。着るという簡単な行為を通して、私たちは差別を転覆し、自分や人類全体の可能性を切り拓く瞬間に立ち会うことができるのだ[20]。

　美容整形もまた同様の抑圧的な構造を持ちます。しかし、井上の議論に従うなら、それを踏まえた上で、その構造を転覆させること、逆転させることにこそ、美容整形の可能性があるとも確かに言えそうです。もちろん、身体の見た目は衣服のように気軽に変えられるものではありませんが、現在でも額に角をつける、ほおから猫のような長い髭を延ばす、とがった耳を作るなど、画一的な美からは外れた容姿を追い求める人たちは存在します。反対派が危惧《きぐ》するような状況がもたらされないように注意しながらも、各人が自由に美容整形を楽しめるような社会をつくり出すことは本当にできるのか、画一化をめぐってはこの点が重要になるでしょう。

論点四　美容整形は身体を不自然なものにするか

最後に見ておきたいのは、これもまたしばしば聞かれる批判である、不自然、自然に反するという意見です。

反対派⑤　美容整形は自然に反する

美容整形は自然に反する技術である。人は生まれたままの自然な状態がもっともよいのであり、変に加工して不自然なものになるべきではない。

あるいは、自然とは「普通」ということであり、自然に反するとはきわめて否定的な価値をともなう「異常」を意味する。美容整形は私たちにとって「普通」な技術ではなく、「異常」な技術であり、そのような処置を受けた人間は「異常」な存在者である。美容整形は本来の「ありのまま」の存在としての人間を人為的に造られたもの、すなわち「人工物」へと変えてしまう。

肯定派⑤　普通でないことは悪いことではない

数の多寡は、価値と必然的な関係を持たない。ありふれている、普通だからといってそれが正しいとは限らない。多数派の方が間違っているのかもしれない。さらには、スポーツや芸術の分野では、普通でないことはむしろ優れたことでありうる。同様に、人工的だから価値が劣っているということもない。それが本当なら、私たちは自分や身の回りのものに手を入れてはいけないことになる。美容整形が普通ではない技術だとしても、それはせいぜいその技術がまだ珍しいということであって、それは美容整形が悪しき技術であることを意味しない。

自然に反するという批判は、この章以降も登場します。第一節で依拠した文献に『プラスチック・ビューティー』というタイトルのものがありましたが、英語では形成外科をプラスチック・サージェリー（plastic surgery）と言います。ここでのプラスチックは「形を造り変えることができる」ということを意味していますが、同時に言葉としては、「人工的」「不自然」といった否定的なニュアンスをもつこともあります。一般的には美容整形はコスメテイック・サージェリー（cosmetic surgery）なのですが、そのような意味をもたせるために、あえてプラスチック・サージェリーと呼ぶこともあるのです。

しかしながら、肯定派⑤にあるように、美容整形を受けることが自然に反するとしても、そのことだけからでは、それが悪いことであり、するべきではない、という結論は出てきません。確かに見慣れないものについては、私たちは警戒心をもったり不安になったりします。しかし、今現在、普通ではない技術だとしても、これから普通になっていくかもしれませんし、私たちは他の多くの部分で人工的なものを受け入れています。そのように考えるなら、自然であるかどうか、ということは美容整形という技術が現状でどれくらい広まっているかの指標になるとしても、これから先それを受け入れるべきかどうかを決定するようなものではありません。[21]

「普通」という言葉は両義的なものです。一方には「普通でしかない」自分を脱して特別な何かになりたくて努力する人がいて、もう一方には「普通ではない」自分を嫌悪してなんとか普通になろうとする人がいます。しかし、普通であることも、普通ではないことも、それ自体は道徳的に重要なことではありません。このことの背後には、次の倫理学の考え方があります。

倫理学の重要な考え方③　「である」と「べきである」は区別しなければならない

これは、「あるものが○○である」という事実は、「それは○○であるべきである」「それは○○らしくあるべきである」「それは○○であり続けるべきである」という規範とは区別される。特に、事実だけでは規範の根拠にはならない。

この考え方によれば、これまでこの方法でやってきたとか、多くの人がそうやっている、という事実はそれだけでは、これからもずっとこの方法でやるべきだという規範の根拠にはなりません。

たとえば、ある人が長男・長女であるという事実は、たとえこれまで他の多くの長男・長女が特定の仕方で振る舞ってきたとしても、それだけではその人も同じように振る舞うべきであるということを含意しません。そうした規範を主張するには、単なる事実ではない、別の規範を持ってくる必要があり、それがなければその主張はただの言いがかりになりかねない、ということは覚えておく必要があります。

したがって、単に見慣れていないという事実のみを根拠に規範を主張することはできません。大事なことは普遍化可能性の原則の場合と同様、隠れた規範があるかどうか、その規範が妥当なものかどうかを確かめることです。美容整形に戻って考えるのなら、美容整形は不自然であると言う人たちは、本当は何を言おうとしているのでしょうか。それは「人はありのままの姿で生きるべきだ」という規範的な主張かもしれません。しかし、その主張はどこまで説得力があるでしょうか。この点は、第二章、第三章でも引き続き考えていきます。

4　美容整形についてのまとめと本当の幸福

美容整形をする理由は多岐にわたります。それらはたいてい他人に直接危害を加えるようなものではなく、禁止されるような事柄ではありません。実際、多くの人は、美容整形に対して、寛容になってきていると言えます。読者の皆さんの多くも、「それで本人が幸せになれるなら、したらいいと思う」と思ったのではないでしょうか。

とはいえ、これまでの議論の中で見てきたように、今現在本人が考えていることが本当の意味で本人の幸せにつながるかどうか、は、よく考えてみる必要があります。たとえば、特定の社会や環境のために、そういう仕方でしか幸せになれない、という場合もあれば、それが幸せだと考えざるを得なくなっていることもあります。本当は他の仕方で、他の幸せを追求することもできたはずなのに、本人の意に反して、美容整形を行わないと幸せになれないという状況に追い込まれている人もいるかもしれません。そのような人に向かって、強い否定の言葉を投げかけるのは乱暴でしょう。

美容整形は純粋に個人的な行為とは言えない側面も持っています。論点二で見たように、それは当人だけでなく、他人の幸せにも影響する可能性があるのです。したがって、当人と社会、両方のことを考えながら、美容整形技術の発展に対する態度は決めていく必要があります。

もちろん、それは簡単なことではありません。ときに、美の追求は楽しい経験であり、それは本当に当人に力を与えるものであり得ます。だからこそ、その楽しみが他人を傷つけるという事実は、人によってはとても苦しいことになるかもしれません。他の人に余計な圧力をかけたくないと考える善良な人ほど、自分は美を追いかけてもいいのだろうか、と苦悩してしまうかもしれません。現代社会の中のルッキズムやジェンダーの規範は非常に強固なので、自分一人でそこから逃れることは困難です。あなたが美の追求をやめても、あなたが損をするだけで、誰も救われないかもしれない。そう考えると、本当に気持ちが沈んでしまいます。

倫理の問題には、同じような問題がたくさんあり、いずれもこうすればいいよ、と簡単に答えることはできません。筆者から言えることは、まず、自分の大事なものを犠牲にしてまで、あなた自身が一人で抵抗しなければならないとは言えないということです。もちろん、そうできれば立派です。しかし、それはいつでもすべての人に求められることではありません。美を求めることによってはじめて、あなたがあなたらしく自信をもって振る舞えるようになるということもあるでしょう。それはそれで素晴らしいことだと思います。

けれど犠牲が大きくない限りでは、おかしいことはおかしいと主張する態度、おかしいと主張して抵抗する人を遠くから冷笑するのではなく、暖かく応援する態度も持ってほしいと思います。そして何がおかしいことなのかについては、自分に有利なように現実を歪《ゆが》めたりすることなく、本当にぎりぎりまで探究し続けてほしいと思います。場合によっては誰かに相談してみるのもいいでしょう。実際に何をしているかということと同じくらい、このような誠実な態度を持っているかどうかは、倫理的であるために重要なことなのです。

なお、途中でも述べたように、今回は美容整形の倫理的側面を取り上げるために、健康面の問題は取り上げませんでしたが、現実には健康面、金銭面も非常に重要です。仮に倫理的には問題ないとしても、それらのリスクの大きさは無視できないものであり、手術が失敗した場合、依存状態になってしまった場合、取り返しのつかないことになる可能性があります。皆さんで、もし、やってみたいと思っている人がいたら、必ず、最低でも健康面と金銭面については入念に調べてください。[22] また、美容整形は構造的に、一カ所処置をしたら別の箇所が気になり始めるという風になりやすいものです。そうして回数が増えると、健康面、金銭面のリスクも高まります。その点についても十分に留意してもらえればと思います。

そして、その際、ぜひやってみてほしいことは、一度立ち止まって、「本当にこれは自分のしたいことだろうか」と自分に問いかけることです。人類学者の磯野真穂は『ダイエット幻想』（ちくまプリマー新書）において、「自分がどう思うか、自分がどう感じるかではなく、他者の評価が自分自身の寄って立つところになっていく」ことを「自分の身体が他者からの呼び声で満たされる」ことと呼び、そうした状況でダイエットを行っていくことへの警鐘を鳴らしています。

この状態に長時間浸かっていると、自分が何に心地よいと思うのか、何をやっていたら嬉《うれ》しいのか、どんな人といると幸せなのか、何が食べたいのか、いつお腹がいっぱいなのかといった、小さな子どもなら簡単に見極めがつくようなことが、さっぱりわからなくなってしまいます。……周りの誰よりもやせていないと気が済まなくなり、誰よりもやせていることだけが自分の自信になります。すると今度は他者の声ではなく、数字で身体が満たされます。頭の中は今日の体重と、今日摂取した糖質量やカロリーでいっぱいになり、今度は世界から他者が消えるのです。[23]

磯野が論じているのはダイエットについてですが、このことは美容整形についても当てはまるところが多いように思います。この処置は本当に自分自身がしたいことだったのか。この処置は本当に私自身を幸せにするだろうか。他者の呼び声や数字、イメージに突き動かされているだけではないのか。自分のことほど、分かっているようでよく分からないものです。自分にとって本当に大切なもの、犠牲に出来ないものは何か。そうしたことをゆっくりと時間をかけて考える機会をもってほしいと思います。

第二章　運動能力を増強する——ドーピングの倫理を考える

本章では、運動能力を増強することを、特にスポーツにおけるドーピングとの関係で見ていこうと思います。まずは、次の問いについて考えてみてください。

Q：好きなスポーツはありますか。そのスポーツをすることの魅力、あなたが応援しているひとの魅力は何ですか。そして、もしそのスポーツをしている選手たちの中でもトップクラスの人たちは、皆、薬物を使って筋力や持久力をアップしていると知ったら、あなたが考えた魅力は損なわれますか。もし、損なわれるとしたら、なぜそう思うのか、考えてみましょう。

前章の美容整形について、多くの人は「したい人はすればいい」というような態度だったのではないかと思いますが、このドーピングについては、ほとんどの人が否定的な反応を示したのではないでしょうか。しかし、外見を増強することは許されて、筋肉を増強することはなぜ許されないのでしょうか。

本章でも「美容整形の歴史と現状」と同様に、まずは、運動能力増強への科学技術の利用がどのようにして登場し、受け容れられたり、排除されたりしてきたのかを簡単に見てみましょう。どんな技術にもそれが発達し利用されてきた文脈があり、それを抜きにしては表面的なことしかわからないからです。

1　スポーツとドーピングの歴史

ドーピングとスポーツの関わりはとても古いもので、古代ギリシアでのオリンピック競技会では、すでに興奮剤の一種を摂取する選手がいたと言われてます。とはいえ、スポーツというものが私たちの知っているような形になってきたのは、一九世紀以降ですので、ここではそれ以降の歴史について簡単にみてみます[24]。

まずは一八九六年、自転車競技において、記録上、初のドーピングによる死者が出たと言われています。そして一九六〇年、オリンピックでもドーピングが原因と思われる死者が出ました。それを受けて一九六八年大会からは、オリンピックでドーピングが禁止されます。

しかし、それでもドーピングをする選手は後を絶ちませんでした。一九九八年には自転車競技の最高峰、ツール・ド・フランスでチームぐるみの大規模なドーピング事件（フェスティナ事件）が起きました。有力なチームが組織的にドーピングを行い、それを隠蔽《いんぺい》していたのです。二〇一三年には、七連覇を達成していた王者のドーピングも発覚しています。[25]

こうしたことを受けて、一九九九年、世界アンチ・ドーピング機構（ＷＡＤＡ）が設立されました。以降は、オリンピックを含めてほとんどのアマチュアスポーツ（といくつかのプロスポーツ）におけるアンチ・ドーピング活動はこのＷＡＤＡとそれぞれの国の支部が行っていくことになります。二〇〇一年には、日本アンチ・ドーピング機構（ＪＡＤＡ）も設立されています。

しかし、ドーピング違反はその後も続きます。二〇〇三年には野球のメジャーリーグ、陸上競技、ボクシングにまたがる大規模な事件が発覚します（バルコ・スキャンダル）。二〇一五年には陸上ドーピングスキャンダルが発覚します。二〇〇一年から二〇一二年のメダリストの三割にドーピングの疑いがあり、それを世界陸上連盟が隠していたことが判明した事件です。さらに、二〇一六年には、ロシアによる国家ぐるみのドーピングとその隠蔽工作が発覚しました。結果として、二〇一八年の平昌《ピョンチャン》オリンピックにロシアは参加を認められないことになりました（国家単位のドーピングとしては過去に旧東ドイツが行ったものも知られています）。

このようにドーピングの禁止後も違反をする選手は後を絶ちません。また摘発についても、新しい技術が開発されては禁止され、また新しい技術が開発されるといういたちごっこが続いています。血液ドーピングや遺伝子操作などの摘発が難しいものもあります。なんとかして、ドーピングを撲滅しようとするWADAとそれをすりぬけようとする選手、チーム、企業、国家の間で長らく戦いが続いているのが現状です。

2　ドーピングとは何か

そもそもドーピングとは何を指すのでしょうか。WADAによれば、ドーピングとは基本的には、禁止された薬物を摂取したり、それを隠したりすることです。決められた検査を受けることを拒否したり、検査を妨害したりすることも違反として扱われます。[26] では、ある物質が禁止される根拠は何でしょうか。WADAの規定では、能力強化、健康上の危険、スポーツ精神への違背が挙げられています。たとえば、ドーピング違反のトップ3は蛋白《たんぱく》同化剤、興奮剤、利尿剤となっていますが、蛋白同化剤は筋力を高めるために、興奮剤は集中力を増すためなどに使われます。利尿剤は、隠蔽薬に当たり、禁止薬物を摂取した証拠を消すために使われます。体内の薬物を尿として排出することで、ドーピングテストに引っかからないようにするのです。変わったところでは不整脈などの治療に使われるβ遮断薬という薬も競技によっては禁止されています。[27] これは緊張から来る指の震えなどを抑える効果があるので、射撃やアーチェリーなどの、プレッシャーに勝つこと自体も競技性に含まれる競技では、認められないというわけです。禁止薬物の使用が判明した場合、数年または永久に競技会への参加が禁止されるという厳しい処置がとられます。

3　ドーピングを禁止する理由は妥当なものか

ではドーピングはなぜ禁止されるのでしょうか。なぜ薬物などによって運動能力を高めて競技に臨んではいけないのでしょうか。WADAドーピング防止プログラムの理念は「ドーピングのないスポーツに参加するという競技者の基本的権利を保護し、もって世界中の競技者の健康、公平及び平等を促進する」というものです。WADAはスポーツには固有の価値があると考えており、その価値を守り、促進することがスポーツ精神、スポーツマンシップであると述べています。たとえば、ドーピングによって手軽に運動能力を高められるとしたら、過酷なトレーニングをして真摯に競技に挑む姿勢は損なわれてしまうというようなものです。したがって、健康、公平・平等をはじめとしたスポーツ精神に反することから、ドーピングは禁止されているのです。

ひとたびルールが制定された以上、そのルールに反するドーピングが認められないことは明らかです。他の皆がルールを守っているのに、自分だけがルールを破って優位に立つということは卑怯《ひきょう》なやり方ですし、公平・平等に反します。しかし、ここで考えたいことは、そもそものルールは妥当なものか、そのようなルールは必要か、ということです。

倫理学の重要な考え方④　法と倫理の区別

あることが悪いことであることの根拠として「法律に反しているから」ということが挙げられることがあります。またそれの裏返しで「法律に反していないから悪くないでしょ」という発言なども耳にすることがあります。しかし、法律と倫理は重なるところがあるとしても、同じものではありません。法律によって禁止されていなくても倫理的に悪いことはありますし、法律で禁止されていても倫理的に悪いとは言えないこともあります。

倫理的に正当化できないような法律はたくさんありました。悪名高いナチスドイツはユダヤ人や障害者、同性愛者らを差別する法律を作り、国民はその法律に従って、差別や殺害行為を行いました。二〇世紀前半のアメリカでの黒人差別はジム・クロウ法と言われる有色人種の隔離を認める法律を後ろ盾にしていました。これは当時のドイツやアメリカでは、差別が悪いことではなかった、ということではありません。一つの解釈の可能性は、倫理的に見て悪い法律があり、悪い行為が行われていたのですが、法律で許されていたので悪いことではないと思っていた人たちがいた、ということです。もう一つの解釈の可能性は、当時のその法律が差別的だとしても、それは問題になるような邪悪な差別とは関係ないと思っていた人たちがいた、ということです。

もちろん、皆が認めた法律やルールを自分勝手な理由で破ることは悪いことでしょう。しかし、そのことと、法律やルールそのものの倫理的な是非を問うことは別のことです。その意味では「ドーピングはしてもよいか」という問題に対して、「ルールで禁止されているからしてはいけない」といって終わりにするのではなく、「そもそもドーピングを禁止するそのルールは倫理的に正当化できるのか」ということを考えよう、というのが本章のテーマになります。

では、ドーピングを禁止するルールを作ることは妥当でしょうか。ドーピングはスポーツ精神に反するのでしょうか。以下では、いくつかの論点を通じて、その点を見ていこうと思います。

論点一　ドーピングを行う人は身体を大切にしていないか

最初に見てみたいのは、美容整形における論点一と同様に、ドーピングを行うことと、身体を大切に扱うことの間の関係です。まずは、健康の観点から見てみましょう。

反対派①　ドーピングは健康に害を与えるので禁止されるべきだ

ドーピングで禁止されている一部の薬は健康に悪影響を与える。スポーツはあくまで健康に害を与えないような仕方で行われなければならない。ドーピングは禁止すべきだ。

肯定派①　ドーピング禁止はかえって健康に害を与える

仮に健康に悪影響があるとしても、ある程度までは自己責任だ。トップアスリートは皆、健康へのリスクを背負いながら過酷なトレーニングに耐えている。覚悟がないならやめればいい。必要なのは、選手生命に関わるなど、極めて重大な悪影響が生じることを防止することであって、ゼロリスクを目指すことではない。

その上で、ドーピングの禁止は、むしろアスリートの健康に深刻な悪影響を与える。たとえば、かつてのツール・ド・フランスでは、フェスティナ事件の影響によるドーピング禁止の厳格化以降、多くの選手がこっそりドーピングを続けたが、医師の処方に基づかず自己流でやっていたため、健康被害があった。解禁して、医師の適切な処方に基づいて、ドーピングをした方がいい。重要なのは自分で自分の身体をきちんと管理、コントロールできることに他ならない。

最初の論点は健康被害です。オリンピックでドーピングが禁止されたのは、競技力向上のための薬物摂取によって死者が出たことだと言われていますし、WADAも禁止薬物の選定理由に、健康への危険性を挙げていました。反対派は健康への悪影響を考えるなら、ドーピングは絶対に禁止されねばならない、と主張します。

肯定派も健康の重要性を完全に無視するわけではありません。それでも、肯定派は、健康へのリスクのコントロールは選手個人が自律的に行うべきものであり、WADAのような外部の者によって勝手に決められるべきではないと主張します。そもそも厳しいトレーニングや極限状態での競技はそれ自体が健康を害するリスクを含んでおり、どれを選んでいくかは選手の自由です。健康に関する情報は与えられるべきですが、その情報をどう使うかは選手個人の問題とするべきだということです。

ドーピングが公式に禁止されていると闇で薬を取引する者たちが現れてむしろ健康被害が生じるという肯定派と、そうした闇取引も含めて徹底的に排除することでアスリートの健康を守らねばならないと主張する反対派の間の考えの溝はかなり深いものですが、反対派は、こうした肯定派の論調の背後に、身体を大切にせず、徹底的に道具と見なす思考を見出すことがあります。次にその点をみてみましょう。

反対派②　ドーピングを行う人は身体を単なる道具と見なして粗末に扱っている

ドーピングをする人は、健康のことも含めて身体を粗末に扱っている。彼らは身体を、結果を出すための単なる道具とみなしている。しかし、道具は選手によって使われるものであって、選手自身ではない。ドーピングを通じて身体を道具として作り替えていったなら、身体はもはや選手自身の一部ではなくなってしまう。

たとえば、ドーピングをすることでホームランをたくさん打てたとしよう。しかし、そのときにそのホームランを生み出したのは選手本人だと胸を張って言えるだろうか。むしろ、そのようなホームランを打つことを可能にする薬を生み出した研究者や企業だと言われてしまうのではないだろうか。自分自身としての身体を自分の力で鍛え上げて、その限界を引き出すことと、身体を他人の力で改良される道具として使うことの間には根本的な違いがある。進んで自分の一部を捨てるような愚かなことをすべきではない。それは自分で自分のことを決める「人間」から、外部からの命令に従うだけの「ロボット」に自分たちを変えていくことだ。私たちは自分の身体を自分自身として大切にしなければならないはずだ。誰もロボット同士の試合など見たくはないのだ。

肯定派② 身体をどれだけ見事に使うかということこそ、スポーツという営みである

確かに、ドーピングはある意味で、スポーツにおいて私たちの身体が道具であることを顕《あら》わにする。しかし、そもそもスポーツには逃れがたくそのような側面がある。手段としての身体をどれだけ研ぎ澄ませるか、その道具をどれだけ見事に使いこなせるかが、スポーツという営みではないか。たとえば、野球においてバットとそれを握る手を区別することにどれ

だけ意味があるだろうか。バッターボックスにおいては、バットも選手の一部であり、足下からバットの先まで神経を行き渡らせることで、選手はホームランを打つのだ。

ドーピングをしていても努力は必要であるし、その身体を使うのは自分である。私たちはその努力と身体の使い方に驚嘆し、リスペクトを送る。たとえばアメリカのメジャーリーグのホームラン王、バリー・ボンズ選手は、ドーピングが発覚した後もなお、その卓越した技術と野球にかけるストイックな姿勢で、チームメイトの尊敬を集め続けていた。問題は身体を道具と見なすかどうかではなく、その道具をどのように使うかということだ。

ドーピングと身体の道具化の問題は、倫理学者たちによって長らく議論されてきた問題の一つです。数年前にNHKの白熱教室で話題になった哲学者のマイケル・サンデルは、「贈られたもの（ギフト）」としての身体を大切にすることを忘れてはならないと述べます。[28] 彼の考えでは、完全なものではないとしても、自分の身体を大切なものとして受け入れ、そこから始めていく謙虚さを私たちは失ってはならず、何でも完全な支配の対象としようとするような傲慢《ごうまん》さは避けなければなりません。それは、自分がコントロールできる範囲を広げることのように見えて、結局は自分自身を何かにコントロールされるもの、ロボットのようなものにしていくことにつながってしまいます。

　他方、ドーピング肯定派は、それは傲慢さの表れではなく、人間の飽くなき向上心を示すものであり、ドーピングのような工夫の否定は人類の進歩の否定だと言います。それは自分の身体の可能性を限界まで引き出そうとする試みなのであって、身体を粗末に扱うことではありません。私たちは神に与えられたものを受け取るだけの時代を脱し、科学の力によって世界を自ら変えていく時代に生きています。そのような立場からすれば、サンデルのような物言いは、一九世紀に工場の機械化に反対して機械の破壊活動を行ったラッダイト運動の現代版、生命科学の成果に怯《おび》えるバイオ・ラッダイト的なものであって、許容できるものではありません。

　さて、現実的には、肯定派の言うように私たちは日々、食事やトレーニングを通じて、自分を更新しているのであり、単純に受け取ったままにはしていません。また、私たちが身体を道具として使うという側面があるのも事実です。とはいえ、反対派の懸念にも肯《うなず》けるところはあります。この点は、次章「身体を機械化する」でさらに掘り下げて考えることとして、ここでは次の論点を見てみましょう。

論点二　ドーピングは不平等・不公平を理由に禁止されるべきか

ドーピングを巡って、健康の問題とともにしばしば挙げられる二つ目の論点は、平等・公平です。この節では、果たしてドーピングは不平等で不公平なものなのかを見ていこうと思います。

反対派③　ドーピングは不公平な結果をもたらす

ドーピングが許されざる卑怯な行為であることは一目瞭然である。ドーピングをする選手はまさにそのことによって、不当に自分だけ優位に立とうとしているのである。ドーピングが解禁されれば、薬物を手に入れる財力や権力を持っている人が有利になってしまう。それは公平であるべきスポーツの精神に反する。

肯定派③　ドーピングの解禁はむしろ公平さをもたらす

まず、肯定派の主張は全員に解禁するということなので、不当に優位に立とうとする、ということは当てはまらない。シューズを選ぶのと同じように、開かれた状態で安全に自分に合った薬物を選べる状態にしようということなのである。むしろ、現状のように禁止されているからこそ、こっそりドーピングをしようとする者が現れるのであるし、それを隠しとおせている連中がいる以上、ドーピングが禁止されている状況の方が全体として不公平な事態を招いている。

もっと言えば、そもそも遺伝子に恵まれた人しか、アスリートになれない現状はきわめて不公平だ。生まれつき心肺機能に恵まれた人がマラソン競技などで好成績を収めるのは卑怯《ひきょう》ではないのか。背が高い人しかバスケットボールやバレーボールの選手を目指せない状態は不公平ではないのか。ドーピングを解禁して、生まれ持った遺伝子の差を乗り越えられるようにした方が、ずっと公平だと言える。

平等・公平性は健康被害同様、WADAがドーピングを禁じる理由として名指ししていたものの一つです[29]。ここで平等には二つの可能性があることに注意が必要です。すなわち、「誰もが使用を禁止されている」という平等と、「誰もが使用を認められている」という平等です。そして、反対派は前者の平等でなければならないと考えるのに対し、肯定派は後者でもいいのではないか、と考えるのです。実際、肯定派に言わせれば、よい道具を買うこと、よい食事をすること、よいコーチを雇うこと、どれも効果が高いものは高価で不公平ですが、いずれも許容されています。それは、それらへのアクセス権がすべての選手に開かれているからです。したがって、私たちがなすべきことは、ドーピング薬への平等なアクセス権を保障することであって、それらを禁止することではない、と彼らは考えます。

こうした主張には一理あるように思われます。ただ同時に、肯定派が言うほどに、ドーピングの解禁で不公平が是正されるのか、という疑問もあります。たとえば、同じ薬物を摂取するとしても、薬物の効果がよく出る人もいれば、体質的にそれらが使用できない人もいるでしょう。そうだとすれば、遺伝的に恵まれたということの意味が「背が高い」ことから、「薬物がよく効く」「大量の薬物摂取に耐えられる」ということに移り変わるだけで、結局の所、遺伝による不公平は解消されないのではないか、と言うことができます。

また、よい道具の使用は許容されていると言いますが、競技の結果を左右するほどに強力な道具は禁止されることがあります。水着、シューズ、ラケット、バット、ボールなど、たいていの道具については使用の可否を定めるルールがあります。履くだけで誰でも好タイムが出せて、技術や努力による差がつかない靴は競走という競技を台無しにしてしまうからです。同じように、ドーピングは不公平ではないとしても、競技を台無しにしてしまう可能性があります。

さらにここには「ドーピングをしない自由を奪う」という問題もあります。解禁論者はドーピングへのアクセス権を与えることを目指していますが、ひとたび解禁されれば、「ドーピングをしてもよい」という事態を超えて、「ドーピングをしなければ勝てない」という事態が発生してしまいます。ドーピングの解禁は選手たちにドーピングをする自由を与えるようで、事実上、ドーピングをしない自由を奪うことになりかねないのです。特に、チームスポーツにおいて、チームメイトが皆、ドーピングをしている中、自分だけが薬を使用しておらず、そして自分のミスのせいで負けてしまったら、どうなるでしょうか。

もちろん、トップアスリートと呼ばれる人たちは日々のほとんどの時間を練習に費やし、競技のためにさまざまなものを犠牲にしていますし、そうしなければ勝てない世界であるのは間違いありません。しかし、ドーピングをしない自由をそのような必要な犠牲の一部に加えていいのか、ということは慎重に考えなければならないでしょう。

論点三　ドーピングは重要な価値を損なうことを理由に禁止されるべきか

では、ドーピングの解禁が仮に、健康被害をもたらさず、平等にも反さないとしたらどうでしょうか。反対派はそれでもまだ問題があると考えます。最後にその点を見てみましょう。

反対派④　ドーピングは努力と達成の価値を台無しにして、成長の機会を奪う

薬は人工的で不自然だ。あるいは薬で作られた肉体が不自然だ。そのような手段は適切ではない。私たちは自然な方法で手に入れた肉体だけで勝負すべきだ。そもそも、自分自身の力で己をコントロールし、楽をしよう、怠けようとする心に打ち克ち、大変な苦難を必死で乗り越えて何かを達成することにこそ、スポーツの主たる目的はある。努力をしないでいい結果が出せるようなドーピングはスポーツの目的に反する。

そんな仕方でスポーツをしても私たちは成長することができない。身体というままならないものを不断の努力によって限界まで使いこなせるようになることこそ成長なのだ。それを安易に薬の力で思い通りにさせようというのは、それ自体が未熟さを表している。

肯定派④　ドーピングをしても努力は必要であり、達成の価値は損なわれない

薬を選ぶのはアスリート当人だし、どのような筋肉をつけていくか、得られた筋肉をどう使うかは本人の意志に基づく自発的なコントロールに基づいている。筋力増強剤を使った人が、ただちにスーパーマンになるわけではないし、理性を失ったモンスターになるわけでもない。しかも、皆がドーピングをしているなら、ドーピングをしただけでいい結果が出せることにはならない。増強剤を用いて筋力を増加しつつ、なお厳しいトレーニングをして血のにじむような努力を積み、自分の肉体の限界を超えた者だけが、勝利することができる。そこではじめて、達成の価値は損なわれることはない。厳しいトレーニングに薬の力をプラスすることではじめて、自然な肉体だけではたどり着けない高みへ到達する可能性が開けるのだ。

身体のままならなさを薬の力でなんとかすることが未熟さをあらわすというのも納得できない。それは病気になっても根性で治せというような精神論に過ぎない。自らにとって最適な手段を自分で考え、選択し、使いこなせるようになることこそ、成長ではないか。

スポーツの目的にはおおよそ三つのものがあると言われています。勝利と楽しみと成長です。そのうちの成長という要素を、ドーピングは損なうのではないかと、反対論者は主張します。

たとえば、学校での体育の授業を考えてもらえればよいと思います。そこで生徒に期待されているのは、スポーツを通じて基礎体力をつけること、運動の楽しみを知ることの他、協調性や忍耐力、リーダーシップや判断力などを身に付けることです。WADAの挙げたスポーツの価値にも、規則・法律を尊重する姿勢、自分自身とその他の参加者を尊重する姿勢、勇気、共同体意識と連帯意識などが含まれていますが、それはまさにスポーツをすることの目的の一つが、そうした卓越性を養うことだと理解されているからです。ドーピングによって簡単に勝利が得られるようになってしまったら、誰もスポーツを通じて成長しなくなってしまうのではないか、ということを禁止論者は危惧しているのです。

とはいえ、肯定派②でも言われていたことですが、ドーピングをすればそれだけで試合に勝てる、というわけではありません。というのも、肯定派はすべての選手が医師の適切な処方のもとでドーピングを行うことができる状態を目指しています。そこでは、自分だけではなく、相手もドーピングをしてくる以上、ドーピングをしさえすれば勝てるわけではありません。結局の所、自分にはどんな薬物がもっとも有用か、ということを慎重に見極めた上で、薬物を効果的に使って自分の弱点を補強したり、長所を伸ばしたりしつつ、さらに過酷なトレーニングを積むことによってしか、勝利を得ることはできません。そのため、ドーピングを解禁すると、選手たちが努力をしなくなる、ということは正しくありません。

折衷案としては、少なくとも一定の年齢になるまではドーピングは禁止する、というものがあるかもしれません。実際、中高生のスポーツにまでドーピングが解禁されると、しっかりとした知識のないままに薬を使う生徒が健康を害してしまう可能性があります。あるいは、学校の資金力の差などによって、きちんとしたチームドクターを置いてその恩恵にあずかれるチームとそうではないチームが明確に分かれてしまう他、コーチや大人の命令によって望まぬドーピングをさせられる生徒などが出てきてしまうことが懸念されます。したがって、仮にドーピングを解禁するとしても、あくまである程度、チーム力が拮抗《きっこう》しているプロスポーツや、選手本人が自分で自分の身体に責任をもつことができるエリートスポーツにおいてのみ、慎重に段階的に行うということになってくるでしょうか。

4　ドーピングについてのまとめとドーピング規制の行方

本章では、一般には悪いこととされているドーピングについて、本当に悪いのか、悪いとすればどこが悪いのか、ということを考えてきました。禁止されていることをするのは確かに悪いことだと言えるでしょう。したがって、現在のルールを認めた上で、こっそりと自分だけドーピングをしようとするなら、それは罰されてしかるべきでしょう。しかし、そもそもそんなルールは必要なのか、というのが、ここでの問題でした。

ここまでの議論を見てきて少しずつ分かってきたかと思いますが、実は反対派も肯定派も、大事なものは何か、という点においては大方において一致しています。すなわち、自分の身体は大事に扱うべきですし、不平等・不公平は避けるべきですし、重要な価値が損なわれることは回避すべきです。しかし、ドーピングを解禁することが、平等と不平等のいったいどちらをもたらすのか、という点において両者は鋭く対立しています。反対派はドーピングが不平等をもたらすと主張し、肯定派はドーピングの禁止こそ不平等をもたらしていると主張するのです。それゆえに、ドーピングに対して具体的にどのような態度をとるべきか、という点においても対立することになるのです。

そのような態度の差は、規制の程度にも表れてきます。[30] たとえば、仮に、ドーピングを規制するとしても、現在の禁止は度を超している、と肯定派は考えています。たとえば、同じルール違反でも、サッカーの試合中に手を使うことと、ドーピングをすることでは、後者の方が圧倒的に悪いこととされており、数年間から永久に出場停止など、罰則もはるかに重いものとなっています。そのような厳罰を正当化する理屈は何なのでしょうか。そして、なぜドーピングだけがそこまでして厳しい扱いを受けねばならないのでしょうか。

このような議論を行っていると、ドーピング解禁部門と、禁止部門を作れば問題は解決するという意見が聞かれます。確かに一部の競技ではそういった試みも有効かもしれません。しかし、肯定派が問題にしていたことの一つは、現状のドーピングが禁止されている状況下でこっそりドーピングをする者がおり、それを完全に摘発できないことがもたらす不公平です。部門を区別したとしても、禁止部門の中でこっそりドーピングをする者が現れることが予想される以上、問題は完全には解決しません。さらに、反対派はそもそもドーピングがスポーツ精神に反すると考えているので、解禁部門を正当なスポーツの一部門と認めることはないでしょう。

部門を分けるという実践で興味深いのはボディビルディングです。ボディビルディングでは、一般の大会の他に、ドーピング検査を非常に厳しく行うナチュラル・ボディビルディングと呼ばれる大会があります（ただし、一般の大会でもドーピングがオフィシャルに認められているわけではありません）。ボディビルディングは、筋力増強剤の使用について、競技者の間でも特に立場が分かれる競技です。身体の可能性の追求という意味で、増強剤を使用してでも限界へ挑戦することを良しとする選手たちと、それは本来の自然的な身体の可能性の追求ではないと考える選手たちがいるのです。もちろん、筋力増強剤のユーザーであっても、大会で好成績を収めるためには、自分を追い込むとてつもない努力が必要であることは言うまでもありません。ボディビルディングでの実践の積み重ねは、もしかすると、今後のスポーツ全体のドーピング問題を考えるための鍵になるのかもしれません。

最後に、本章の冒頭の問いに戻りましょう。美容整形は個人の自由だけれど、ドーピングはそうではないと考えることは正当化できるでしょうか。もしかしたら、ドーピング自体には倫理的問題はなく、問題があるとすれば「現に禁止されているから」に尽きるのかもしれません。

スポーツの場面を離れて、まったく個人的に薬を使って運動能力を極限まで高めようとすることは許容されるか、考えてみるのも良いかもしれません。美容整形においても、個人的な範囲での整形については、前向きになれる、自信を持てるといった効果があることが指摘されていました。同じように、自宅で筋力トレーニングをする方法も動画サイトなどでたくさん公開されていますが、そこではスポーツや健康とは関係なく、自己肯定感を高めるために、筋力トレーニングを行うことが勧められていることがあります。美容整形に当てはまることはどのくらい運動能力の増強にも当てはまるでしょうか。

そして、そこからもう一度、スポーツにおけるドーピングについて考えてみるとどうなるでしょうか[31]。選手たちをドーピングに向かわせるものは何なのでしょうか。それが身体の可能性の追求であれば許容可能かもしれません。しかし、市場経済と連動した勝利至上主義によって選手たちは否応なしにドーピングをせざるを得ないような状況に追い込まれているとしたら。すなわち、勝ち続けなければ、スポンサーも周囲の支持も、そしてスポーツを続ける機会すらも失ってしまうとしたら。あくまでドーピングに反対の態度をとるとしても、そうした社会状況を考えずに（場合によっては、そのような状況に加担しながら）、ドーピングを行った選手だけを厳しく批判するのは、フェアではないかもしれません。とはいえ、そのような勝ち続ける力を持った一部のエリートにのみ許されるのがプロスポーツだ、という考え方もあるでしょう。結局、ドーピングについて考えるなら、スポーツという営みそのものについて考える必要があります。

なお、本章の議論も、安易な個人的ドーピングを推奨するものではありません。特に肯定派であっても、個人が勝手にドーピングを行うことの危険性を理由に、医師の診断に基づく管理されたドーピングを提案しています。彼らの主張は「好き勝手にドーピングをさせよ」ではなく、「ドラッグの検査ではなく、健康の検査を！」です。全体として解禁されない限りは、ドーピングは卑怯な行為であることは間違いありませんし、まして医師の適切な診断に基づかない薬物の使用は決して行わないようにしてもらえればと思います。

第三章　身体を機械化する——サイボーグ化の倫理を考える

前章ではドーピングについて考えましたが、その中でドーピングは人間をロボットのようにする、という意見がありました。しかし、人間はロボットになってはいけないのでしょうか。ロボットになった人間の勝負は生身の人間の勝負よりも価値が劣るのでしょうか。本章では、人体を機械化するというエンハンスメントについて考えていきます。

ここで問題になるのは、生身の身体が私たちにとってどんな意味をもっているか、ということです。特に、自分が何者であるかという感覚、自分が自分であるという感覚（まとめてアイデンティティの感覚と呼びます）、こうした感覚をもつためには、しっかりとした生身の身体が必要なのではないか、という意見と、生身の身体などなくても、アイデンティティの感覚は保つことができる、という意見の衝突が大きな論点になります。身体の機械化は自分の身体を自分のものだと思える程度を増すことになるでしょうか、それとも減らすことになるでしょうか。

第Ⅰ部の身体編の最後にあたる本章を通じて、身体の改変の是非について考えるとは、人間であるとはどういうことかという壮大なテーマにもつながっているということを、理解してもらえればと思います。

Q：これから先、身体に取り付けたり、埋め込んだり、身体を置き換えたりする高度な機械がどんどん開発されていくとして、あなたは自分の身体にそれをどのくらい取り入れてみたい（取り入れたくない）と思いますか。そして、それはなぜですか。

1　身体の機械化をめぐる歴史

義手義足や義歯なども含めて考えるなら、人間は自分の身体の一部を何かのパーツで置き換えるということをずっと昔から行ってきました。しかし、電子的に制御された機械を用いた、という意味での身体の機械化の歴史は、美容整形やドーピングほど古くはありません。もちろん、かつてはそのような技術が存在しなかったためです。とはいえ、ここ十年、二十年での発展の度合いはめざましいものがあります。ここでは現在どこまでのことが可能なのか、将来どんなことが可能になりそうなのかを見ていきましょう。

身体への機械的な部品の埋め込みでは、一九五八年に植込み型ペースメーカが初めて開発されたことが一つの画期的な出来事と言われます。ペースメーカとは電気刺激を与えることで、不整脈などの脈拍の異常に対応する装置です。一九七〇年代になると人工内耳の開発が進みます。人工内耳は難聴の人向けに生み出された装置ですが、外部からの音を電気信号に変換し、耳の内部に埋め込んだ電極を通じて聴神経に送り込むことで、外界の音を聞こえるようにします。

一九九〇年代にはブレイン・マシン・インターフェイス（BMI）、ブレイン・コンピュータ・インターフェイス（BCI）と言われる装置の研究が進みます。これは脳に電極を差し込み、脳内で流れる電気信号を読み込むことで、脳波によって直接機械を動かそうとする装置です。逆に、機械から直接脳に刺激を与えることもできます。[32] この分野では、たとえば世界で五本の指に入る資産をもつイーロン・マスク氏の企業Neuralink社が脳と人工知能（AI）を直接つなぐ装置の開発を行っていますが、そこでは一般の人たちが便利に使えるようなものを生み出すことが目指されており、その進展に注目が集まっています。

医療面においては筋肉が衰える難病や、脊椎損傷によって四肢を動かせなくなってしまった人が、BCIを利用して機械を動かすことができるようになることが目指されています。また、住宅会社やNTTなどが開発しているBMIハウスは、脳波を通じて身体だけでなく、家電や照明、車椅子などを操作することを可能にすることで、運動機能に障害をもった人をサポートする住宅です。将来的に身体を機械に置き換えていく義体の技術においても、こうした装置が中心的な役割を占めていくことでしょう。

人工内耳の視覚版である人工網膜も研究が進められています。まだぼんやり光が見える、白黒の輪郭のようなものが見える、というところまでしか成功していませんが、これから先、よりクリアで色彩に富んだ映像が見えるようになるものが開発されていくことは間違いありません。

義手や義足は、身体の神経線維と接続することで、非常に細かい動きが可能になっており、最先端のものでは触覚に近いものも認識できるようになってきています。心臓、腎臓、肺、肝臓、膵臓《すいぞう》といった臓器についても人工的な代替装置の開発が進んでおり、アメリカでは心臓を完全に入れ替える完全置換型人工心臓（ＴＡＨ）も一九八〇年代から使用されています。[33]

こうした装置が開発されていく中で、二〇一六年、第一回サイバスロン大会が開催されました。これはロボット工学に基づく先端科学技術を駆使したアシスト機器（車椅子、義手、義足など）を使って、日常生活に必要な動作で競う国際競技大会です。パワードスーツを身にまとっての強化外骨格競走や、ＢＣＩ競走という、ＢＣＩによって脳波でパソコン上のキャラクターを走らせる競技などが開催されました。

これらのことを総合すると、今すぐには無理であっても、長い目で見ると身体の多くの器官はいずれ機械で代替可能になっていくかもしれません。そしてさらに遠い未来には、機械の方が人体よりも高性能となり、進んで身体を機械と取り替える人も現れるかもしれません。

2　機械化のタイプとメリット

では、改めて身体を機械化することにはどんなメリットがありうるかを考えてみましょう。まず機械化には大きく分けて二つのタイプがあります。補助型と拡張型です。そしてそれぞれが異なるメリットを持っています。

補助型とは、人間が典型的に有している機能のうち、うまく働いていない部分を補うために装着するものを指します。ペースメーカや義手義足、人工網膜などがこれに当たります。[34]

他方、拡張型は人間がもともとは有していない力を、追加するために装着するものを指します。たとえば、ＢＣＩは脳の力を拡張することで、従来、人間にはできなかったことを可能にします。脳をネットワークと接続することで、膨大な情報を瞬時に引き出したり、離れたところにある機械を動かしたりできるようになるかもしれません。また人工網膜も、赤外線を検出する機能を付けたり、拡張現実（AR）技術と接続したりすることで、世界を人間とは違った仕方で見る方法をもたらすならば、拡張型に分類されることになるでしょう。

第三の手など、身体構造そのものを変更する機器も考案されています。私たちの身の回りのものはたいてい人間が使うことに最適化されているので（椅子は人が座るように設計されていますし、電車は標準的な人間サイズのものが乗るように設計されています）、いきなり大規模に身体構造を変えることにはデメリットもありますが、超絶技巧のピアノ曲を弾くために六本目の指を付け加えることも、いつかは行われるようになるかもしれません。

これらを踏まえて機械化のメリットをあげるならば、基本的には、できなかったことができるようになるということです。より安全、確実、迅速に、行動できるようになる他、感覚を通じて入手可能な情報の量も圧倒的に増えますし、処理能力も高まります。

さらに、生身の身体と機械の違いの一つとして、交換可能性があります。私たちは基本的には、自分の身体を取り替えることができません。自分の骨格が気に入らないからさっさと別の骨格に取り替える、というわけにはいかないのです。他方、機械は基本的には、取り替え可能です。これは私たちのライフスタイルの自由度を増す他、寿命を格段に延ばす可能性があります。完全に置き換えるまでいかなくても、極微小なロボットを体内に取り込むことで、壊れた細胞を常に修復することが可能になれば、私たちは今よりもずっと健康になれるでしょう。そうすると、宇宙空間や深海、北極南極などの、極地においての生存も可能になり、人類の生活空間も拡がるかもしれません。

そして、究極的には、人間という種そのものの変容ということも考えられるかもしれません。[35]補助型の機械化はあくまで、人間の行動を助けるために機械を身体に取り付けるということが目指されていました。しかし、拡張型の機械化はそれを超えて、人間でもあり機械でもあるような、両者が混じり合った存在としての真のサイボーグを生み出すかもしれません。そうしたサイボーグはいつか、人間では決して到達できない不老不死すら成し遂げるかもしれません。

3　サイボーグ化がもつ倫理的問題を考える

さて、倫理面の問題について考えていきましょう。とはいえ、治療などのために補助型の機械を装着することが、大きな問題をもたらすとは考えにくいかもしれません。たとえば、二〇一九年、ロボット工学者のピーター・スコット＝モーガンは運動神経が徐々に失われる難病にかかり、余命が幾ばくもないと診断された後、自身の身体をサイボーグ化する決断をしました。彼は人工呼吸器をつけ、合成音声で会話し、視線でコンピュータを制御して移動することで、今日も生を謳歌《おうか》しています。私たちは科学技術によってどこまで死を遠ざけるべきか、という問題はありますが（この点は本章の論点四で扱います）、彼の決断を批判することは躊躇《ためら》われるでしょう。

したがって、ここで主に論じられるのは補助型よりも拡張型の機械化、特に自然な人間の在り方を超えてさまざまな能力を獲得するために、身体の多くを機械に置き換えてサイボーグ化することの是非になります（とはいえ、なぜ補助型による治療目的であれば問題はないのか、ということも本当は考えなければならないことです）。

さて、ここで取り上げる問題は、アイデンティティの問題などの個人的なもの、格差の拡大などの社会的なものの二つに大別することができます。しかし、個人の選択は社会の選択を支えており、社会の選択に個人の選択は影響されます。その意味で両者を完全に切り離すことはできません。また、論点自体もこれまでの美容整形、ドーピングと重なっているものが多数登場します。それらについて出した答えと、今回出した答えが一貫しているかどうか、もししていないとしたら何が問題なのか、そうしたことも考えながら、身体を機械に置き換えていくことの是非を考えてみてください。機械化は一見、腕時計を装着することと変わらず、いいことばかりもたらすようにも思われますが、本当にそうでしょうか。[36]

なお、科学技術の規制の話をすると、人間の欲望は歯止めがきかないとか、科学技術の発展は否応なしに進む、技術開発を禁止することはできないとかいった、諦めの言説が並べられることがあります。しかし、必ずしもそうとは言えません。

法律によって制限、禁止され、開発、実用が止められている技術はいくらでもあります。たとえば、人間にクローン技術を用いることはほとんどの国で禁止されており、実際、実用化もされていません。さらに、仮に技術開発そのものは止められないとしても、使用法に制限をかけることは可能です。最近は人工知能の開発などが、この路線で検討されています。人工知能の開発を止めるのではなく、より倫理的な問題を引きおこしにくいような仕方で開発するためにはどうしたらよいか、世界中の研究者たちが知恵を絞っています。科学技術を止めることはできない、だから倫理について考えても無駄だ、と簡単に諦めることはしないようにしたいものです。

論点一　身体の機械化は身体のモノ化をもたらすか

最初の論点は、すでにお馴染《なじ》みとなりつつある、身体の道具扱いであり、それによって身体を粗末に扱っているのではないか、という点です。美容整形やドーピングの論点一とも比較しながら考えてみてください。

反対派① 身体は値段をつけられるモノではない

身体は一部でも全部でも売買することができないし、売買できるものとして扱われるべきでもない。献血も日本ではあくまでボランティアによって行われるものであり、血をお金で売ったり買ったりはしない。身体は人の基本的な構成要素と見なされているのだ。

もし、身体が売買可能なパーツによって出来上がった場合、私たちは互いを値段によって比較するようになる。あの人の眼球は高価なものだ、あの人、まだあんなに古い装置を使っている、というふうに。そこでは、私たちは搭載している部品で評価されるようになっていくだろう。当人の努力や性格などよりも、どんな機能がついているか、ということで個人の評価は下されるようになっていく。そうした人間を値踏みする社会は決して望ましいものではない。

肯定派①　すでにこの社会はお互いに値段をつけあっている、大事なのは尊敬の念

確かに、身体は売買の対象になるべきではないかもしれない。しかし、身体のすべてがそうである必要はない。たとえば、脳だけは売買の対象にしてはならない、などだ。それは脳が、私の究極的な構成要素であり、取り替え不可能なものだからである。他方、それ以外の部分については、臓器移植のことなどを考えれば、現状ですでにして取り替え可能なものである。

だいたい私たちの社会は今も昔も値踏みし合う社会である。資本主義の社会では、各人は自分の能力によって金を稼ぐしかなく、私たちは大学受験や入社試験で必死になって自分の能力をアピールさせられる。それと自分が装備している部品をチェックされることと何が違うのか。大事なことは、能力で評価しつつ同時に、相手に対する尊敬を失わないことだ。

かつてドイツの哲学者イマニュエル・カントは人格と物件を区別し、人間は尊厳をもった人格であって、値段をつけられるような物件ではないと主張しました。値段をつけるということは、特定の目的に対する手段や道具としてどれくらい役に立つかという観点から評価をくだすことです。たとえば、美しい写真を撮るという目的の観点から、カメラには値段がつ

けられます。車の値段はスピード、安全性、美しさなどの複合的な観点からつけられるかもしれません。他方で、人間はそのような特定の目的の観点から値段をつけられてよいような存在ではありません。どんな人であれ、人間は自分自身で目的を設定する力を持っていてお互いに対等であり、尊敬をもって扱われなければなりません。

　こうしたカント的な発想をもとにしつつ、機械化に反対する人たちは、身体の機械化は人間のモノ化を進めるのではないか、と主張します。パーツは性能にあわせて値段をつけられたものであり、対価を払って手に入れるものです。それを自分の一部にするということは、自分自身をそうした値段をつけられるモノに近づける、という主張は確かに一理あるように思えます。

　しかし、機械化肯定派は、私たちはすでに多かれ少なかれモノ化しているのであり、一部をモノとみなしつつも、同時に、全体としては尊厳ある存在者として尊敬をもって扱っていれば、いいのではないかと論じます。実際、私たちは普段から芸術家や運動選手など、職業で人を理解することがあります。その場合、彼らのパフォーマンスがどんな成果をもたらすか、という観点からその人を評価することになりますが、同時に、彼らを単なる絵を描く機械、ボールを蹴る機械とみなすのではなく、人間として礼節をもって尊重してもいます。そういった態度を失わなければ、身体を機械化したとしても過度のモノ化の問題は生じないのではないか、ということです。とはいえ、批判する側はそもそもそういった態度が失われるのではないか、という点を問題にしているので、この反論が十分なものかどうかは、なお考える必要があるでしょう。

論点二　身体を機械化することはアイデンティティの揺らぎをもたらすか

次に取り上げるのは、私たちのアイデンティティにかかわるものです。身体の急激な機械化は私たちの自己理解を危うくする可能性をもつでしょうか。

反対派②　身体の機械化は私たちのアイデンティティを危うくする

私たちの自分が自分であるという感覚、アイデンティティは、身体とも分かちがたく結びついている。機械化することで、私たちの身体が自由に分割可能、取り替え可能なパーツから構成されるようになっていったとき、しかもそれらがどこかの誰かによって自動的に更新されたり、アップデートされたりするようになったとき、私たちはこれまで通り、アイデンティティを保ち続けて、自分のことを自分自身と見なしていられるだろうか。ダウンロードしたプログラムに沿って名曲を演奏できたとき、私はピアノを上手に弾いたのだろうか。私はこの生まれ持った肉体に宿るのであって、それを失うことは、私を失うことに他ならないのではないだろうか。自分がいったい何者なのか分からなくなってしまうことを避けるために、私たちは自分の身体のコントロール権を誰にも譲り渡してはならない。

肯定派② 私たちのアイデンティティは柔軟で日々更新される

仮にアイデンティティの感覚が機械化の影響を受けるとしても、人間の意識は柔軟にできている。新しい技術が導入されれば、新しいアイデンティティの感覚が登場するだけだ。たとえば携帯電話はすでに日常の欠かせない一部分をなしており、私の一部に食い込んできている。だが、それを理由に携帯電話の使用は禁止されるべきとなるだろうか。なるとは思えない。今現在の私というアイデンティティにこだわらねばならない理由はない。私はそもそも日々変わっていくものだ。それに新しい技術は新たな能力を付加することで、私ができること、コントロールできることの範囲を増やしてくれるのであって、反対派の言うようなコントロールの喪失にはつながらない。

身体の機械化を進めることに反対する人たちは、機械化が私のアイデンティティの感覚を脅かし、私を消し去ってしまうのではないかという危惧を抱いています。私たちはしばしば自分の身体を自分の支配下にあるもの、コントロール可能なものと考えていますが、身体を機械化すればするほど、そのコントロール権は失われていきます。身体はどんどん私たちにとって理解できないものになっていき、いつかは私たちの身体を理解しコントロールするのは機械を製造しているIT企業、ということにもなりかねません。

とはいえ、それは杞憂《きゆう》であると機械化肯定派は答えるでしょう。それは一つには右にあげたように私は柔軟であり、そう簡単に消えはしないからですが、もう一つは、実際の所、身体というものはそもそも最初から私にとって異質なものだからです。

もともと、私たちは自分の身体のことをどこまで理解し、コントロールしているでしょうか。鏡を使わなければ、私たちは自分の顔を見ることすらできませんし、風邪をひくだけで私たちの身体は私たちの言うことをきいてくれなくなります。それでもその身体は私の身体ですし、風邪を治せるからといって、医師が私たちの身体を支配している、などとは言わないでしょう。むしろ、医師が病気を治してくれるから、私たちは健康を取り戻し自分の好きなことができるのと同じで、IT企業の力を借りて自分を拡張してコントロールできる範囲を増やしていく、というのが機械化の目指している未来だ、肯定派はこのように述べるでしょう。

アイデンティティの感覚をめぐっては、機械化を肯定する側は私たちのアイデンティティはどちらかというと心に存しており、心こそが自分自身であると考える傾向にあります。心が同一である以上、身体の部分が入れ替わっても、自分だというわけです。実際、人間は成長の過程で細胞が入れ替わるので、子どもの頃と現在の私は同じ身体を共有していませんが、それでも子どもの頃の自分は自分だと考えます。それは心や記憶がつながっているからです。その意味では、身体がどのように変化しても、私は私であると言うことはできるのかもしれません（この点については、第五章の性格の変化の箇所でも掘り下げて考えます）。

とはいえ、心がつながっているということも実際には複雑なものです。たとえば、身体に刻まれた時間の記憶は、頭で考える記憶と同じか、それ以上に、私というものに関わっているという考え方もあります。さまざまな障害を持った人たちのエピソードを丁寧に描いた『記憶する体』という本で、著者の伊藤亜紗は障害をもった人が必ずしもそれを消し去ることを望まないということに触れながら、「障害を抱えた体とともに生き、無数の工夫をつみかさね、その体を少しでも自分にとって居心地のいいものにしようと格闘してきた、その長い時間の蓄積こそ、その人の体を、唯一無二の代えのきかない体にしているのではないか」と述べます。[37]

ある人の体は、その人が体とともに過ごした時間によって作られています。与えられた条件のなかで、この体とうまくやるにはどうすればいいのか。そんな「この体とつきあうノウハウ」こそが、その人の感じ方や考え方とダイレクトに結びついています。

だとすれば、魔法の薬によって、一瞬で障害が消えるとしたらどうでしょう。確かにわずらわしさから開放されるのかもしれない。けれどもそれは、その体とともに生きてきた時間をリセットすることになる。それは限りなく、自分の体を否定することと同義です。[38]

ただし、「「薬を飲むな！」と主張したいわけではありません」と伊藤は続けており、体の記憶とは「ただ黙って眺めるしかない「自然」の作用の結果としての側面」と、「意識的な介入によってもたらされる「人為」の結果としての側面」という二つの作用が絡み合ってできるものだとしています。こうした絡み合いのバランスの行方を慎重に見定めていく、ということこそ、一連の問題を考えるために必要な態度なのかもしれません。

伊藤の言葉を踏まえるなら、機械化の前と後、心と体の変化というものを含めて、一本の線をつなげることができるなら、それは私ということができるかもしれません。美容整形の箇所でも引用した磯野は、個人を現に今持っている性質などの「点」で見るのではなく、ささやかな動きの連続で描かれ続けている一本の「ライン」で見ることを勧め、「生まれてから今まであなたが描いてきた、そしてこれから描かれるだろうラインは、当然ながら唯一無二であり、このラインこそがあなたらしさに他ならない」[39]と述べます。そして、「あなたが描いてきたライン、そしてこれから描かれるであろうラインの行方を、わくわくしながら面白がり、そしてあなたとともにラインを描いていこうとしてくれる他者に出会うこと」[40]こそが重要なのだと言います。

磯野のもともとの主張はダイエットの文脈にあるものですが、本章の機械化の問題はもちろん、本書で取り上げるすべての論点にも通じるものだと思います。その上で、機械化とアイデンティティの箇所にこのことを当てはめるなら、単に心身二元論に反対する云々《うんぬん》ということではなく、反対派は、極端な機械化は人間を点で見ることを通じてまさにそのラインを断ち切るようなものになり得るのではないか、と怖れていると考えることもできるでしょう。

しかし、逆に言えば、これまでのラインを断ち切ることで、どうやっても肯定できない過去の自分との関係を離れ、本当の意味で新しい自分になることができるということこそ、極端な機械化のメリットだという反論もできます。そうすると、問題はラインを切ることとそのものよりも、これからの自分のラインをどうイメージしていくか、ということになるのかもしれません。

少し話をもどして、身体のコントロールの問題はどうでしょうか。反対派は、身体も私の一部だと考える傾向にあり、私の一部である以上は、私のコントロール下にあるべきものであり、他人によってコントロールされるようなものであってはならないと考えます。機械化よりももっと手前、たとえば靴を履くということをとってみても、それは靴に自分の足の形や、歩き方をあわせていくことでもあります。毎日ヒールの高い靴を履く人と、スニーカーを履く人でも足は全然違ったものになります。その意味では、二〇一九年に起きたKuToo運動[41]は、職場で女性にだけハイヒールを強制することは、女性たちの身体を不当に外部からコントロールすることだ、という点を問題にしていたとも言えるでしょう。このように私たちの身体は、いとも簡単に外部の影響を受けてしまいます。だからこそ、自分の身体の自律を可能な限り譲り渡すべきではない、という主張は意味をもってきます。

それに対して、機械化を肯定する人々は、もちろんそのようなあからさまな他者による干渉は否定されるべきだと認めた上で、自律的にできることを増やすという側面をもっと見るように主張します。ハイヒールの強制は私たちができることを減らしますが、機械のパーツを身に付けることはできることを増やします。これまでは登れなかった山に登ったり、深海に潜ったりできるようになるかもしれません。感覚を拡張することで迫ってくる危険を回避したり、芸術をより深く鑑賞できるようになったりするかもしれません。

とはいえ、たとえ拡張であっても、自分をすり減らすような仕方でなされるべきではない、となお反対派の人たちが続ける場合、両者の主張はここから平行線をたどってしまいます。

また、別方向からの批判になりますが、身体はそもそももっとも身近な他者であるという考え方に基づき、身体の機械化はそうした他者を意のままにしようとする傲慢《ごうまん》さの始まりであるという主張もあります。思った通りに動かないなら切り落として交換する、という姿勢はいかにも不遜な態度であり、それは周囲の人たちにも向けられていくのではないか、ということです。この傲慢さという論点は、しばしば反対派の人たちがエンハンスメントに向ける眼差しのなかに含まれています。意のままにならない身体の声に耳を傾け、それを受け入れながら上手に付き合うことこそ、生きる上で重要な謙虚な姿勢なのだ、という考え方は以下の章でも何度か登場するので、心に留めておいてもらえればと思います。

論点三　身体の機械化は格差を広げ、不平等な社会をもたらすか

三つ目の論点は、社会的なもので、第一章、第二章における論点二（美容整形は私だけの問題か、ドーピングは不平等・不公平を理由に禁止されるべきか）とも深く関係しています。それらと合わせて言うなら、身体の機械化は私だけの問題で他者に影響を与えないのか、身体の機械化は不平等や不公平につながるのか、ということがここでの問題になります。

反対派③　身体の機械化は貧富の格差を拡大し、社会を不安定にする

社会の発展は身体的な制約によって限界づけられているところが大きい。そしてこの制約が等しくかかっているから、不平等も一定の範囲で留まっている。たとえば多くの人の働ける時間、寝なければいけない時間はだいたい一緒である。誰もが老い、やがては死を迎える。そして蓄えた財は再配分される。

しかし、機械化社会が進み、こうした制約を打ち破った人々が現れたならどうだろうか。機械化した人は休息が少なくてすみ、知力も腕力も強く、機械化していない人よりもずっと効率的に仕事をこなすだろう。彼らは強大な能力を駆使して、健康や富をどんどん再生産し

ていく。そうではない人々は決定的に置き去りになる。機械化した人々が最先端のパーツを惜しみなく使い、決して病気にならず、老いず、死すら超越するかもしれない一方、機械化していない人は仕事にありつくことすらできないかもしれない。そうすると、機械化していない人々との格差はどんどん拡がってしまう。

肯定派③　機械化は普及すれば格差を是正する方向に働く

そもそも現代でも不平等は一定の範囲に留まってなどいない。世界の富はごく一部の富豪に独占されている。格差が平均寿命などの健康に大きな影響を与えていることも今更である。それでもそこで必要なことはセイフティネットの整備であって、金儲《もう》けの禁止ではない。

確かに、高価な機械が登場することで貧富の差はより拡大するかもしれない。しかし、安価で誰にでも使える技術が普及すれば、これまで置き去りにされてきた人々を助けることができる。医療の場面でも、最初は高価な薬や医療機器が徐々に安価になり、誰でも治療を受けられるようになり、それによって多くの命が救われている。同じように、機械化にまつわる機械も、誰かを助けるために開発されているものである。それを押しとどめる理由としては、貧富の差の拡大は決定的なものとは言えない。

格差の拡大は現代社会の大きな問題の一つです。格差は単に収入というだけではなく、それともかかわりながら教育、健康などさまざまな形で表れます。収入が高い人はより高い教育を受け、健康を享受することができます。他方で、収入が低い人は高等教育を受けられず、平均寿命も短くなっています。[42] 高い収入を得たり、教育を受けたりすることには本人の努力もありますが、環境や運の要素も大きく影響します。二〇一八年の東京大学の『学生生活実態調査』によれば、東京大学の学生の親の年収は、半分以上が九五〇万円以上であり、四五〇万円以下は一三%程度となっています。子どもの努力ではどうしようもない親の年収によって、いい大学に行けるかどうかも影響を受けているのです。

身体の機械化もこの格差の拡大に拍車をかけるのではないか、というのが反対派の論点です。確かに、幼少期からそうした機械を使いこなせるよう教育を受けた子どもと、そうでない子どもでは大人になる頃には習熟度に大きな差が生まれているでしょう。そして前者はその能力を駆使して、よりよい仕事を得て、さらに自分の子どもにも最新の強力な機械を与えることでしょう。

それに対し、機械化肯定派は、格差の拡大は基本的には社会の問題であるため、社会制度によって対応することを提案します。たとえば、累進課税のような形で再分配を進めるとともに、誰でも最低限の機械化を受けられるようにする社会保険制度を整備することで、一定の格差を許容しつつ、収入が低くても幸福に生きられる社会を構築するといったふうに。[43] 確かに「格差が広がるから機械を使ってはいけない」ということが認められるなら、自動車やパソコンの使用も禁止されることになるでしょうし、さすがにそのような規制は難しいように思われます。そのため、ここでは機械の便利さを活かしつつ、その恩恵にあずかれない人たちをフォローする仕方を考えるというのが現実的かもしれません。[44]
しかし、身体の機械化はもっと本質的なところで不公平を招く可能性を持つ、という批判もあります。次にそれを見てみましょう。

反対派④　身体は公平性の基礎であり、それを失うことは決定的な不公平を招き入れる

身体のある程度の同質性は、私たちの公平性の基礎でもある。私たちは同じように傷つきやすく、同じ程度に考える能力をもつ。私たちは誰しも病気になるし、怪我《けが》をすることがある。だからこそ、互いに助け合い、互いの意見を尊重し合う。自分は今、健康だとしても、もしかしたら将来、病気になるかもしれないから病気の人を助ける。このことは、基本的人

権という考え方にも影響を与えている。同じような姿かたちをもつ相手をこそ、私たちはこの世界をともに生きる仲間と認識している。

しかし、機械化社会が進んだとき、そうした認識はどうなってしまうだろうか。圧倒的な性能の差は、互助精神や互いに対する尊敬の念を失わせ、弱肉強食の世界を導くのではないか。強い機能を得たものは、弱い機能しかもたないものを差別するようになるのではないか。

肯定派④　むしろ機械化は異質なものとの共存をもたらす

同質性に基づく道徳は確かに助け合いを生んだかもしれないが、同時に他者、異質なものの排除にも働いてきた。人々は肌の色、性別、国籍、身体の有り様などでさまざまな差別を行ってきた。あいつは私たちと肌の色が違うから、同一の姿かたちじゃないから排除してよい、と。このような同質性に基づく道徳には、これを機会に決別してもいいのではないか。

私たちに必要なのは、自分と違う存在と向き合い、助け合い、共存する道徳だろう。病気の人を助けなければならないのは、自分も病気になるかもしれないからではなく、端的に目の前の相手が助けを必要としているからである。自分と似ていようが似ていまいが、相手が困っているということは相手を助ける理由になる。サイボーグ化することで、私たちは異質なものを自分自身のうちにも取り込む。そうすることで、自分と他者の間の壁を壊し、違ったものとともに生きる社会を真に作っていくことができるようになるのではないか。

同質性もまた複雑な問題で、倫理とは何かという根本的な問題ともかかわるものです。私たちの祖先は進化の過程で、自分たちの仲間を大切にし、彼らの苦境に共感し、助け合う能力を発達させ、自分たちの共同体を発展させてきました。私たちの倫理的能力の基礎がこうした仕方で生じてきたということにはほぼ疑いがありません[45]。

しかし、これは他方で、自分の仲間以外には容赦しない、ということも含んでいました。王侯貴族、成人男性、白人、特定の宗教の信徒、特定の性的指向をもった人は、それぞれ庶民や奴隷、女性や子ども、有色人種、他の宗教の信徒、自分と違う性的指向をもつ人を仲間とみなさず、そのために今日でも差別の問題はなくなりません。これを避けるために、私たちは仲間内だけで通用する倫理を超えて、より広く異質な他者と共に生きる倫理を創り出す必要がある、ということには説得力があります。

そうした新しい倫理の可能性の一つにサイボーグ化が挙げられることがあります[46]。自分を機械化する、すなわちサイボーグになるということは、自分の中に自分以外の異質なものを取り入れることです。それも一つではなく、いくつもの異なるものによって、パッチワーク的に新しい自分を作り上げていくことです。そうすることで、性別とか、外見とか、そうしたことに囚《とら》われない自分を生み出し、それを通じて他者と向き合っていく、そうした可能性をサイボーグ化はもつというのです。もちろんそんなにうまくいくとは限りません。サイボーグ化した人はサイボーグ化した人だけを仲間と見なし、それ以外の人たちとの間で、新たな階級闘争が生まれてしまう可能性もあります。しかし、そこに一つの理想と希望がある、ということは美容整形がエンパワーメントという側面をもつ、という点とも一致する、見逃せない論点のように思います。

論点四　身体の機械化を通じて不死を目指すことは許容されるか

最後に見ておきたい論点は、これまでとは少し毛色が違いますが、身体の機械化を通じて、人間が不死を目指すことについてです。[47] エンハンスメントの議論においては、不死や長寿に対してどのような態度をとるかがしばしば議題に上がるので、少し長くなりますが、ここで論じておきたいのです（注2で触れた、エンハンスメントを論じた古典である『治療を超えて』でもまるまる一章が「不老の身体」となっています）。

現状では、私たちの細胞には寿命があり、いつかは死を迎えることを避けられません。しかし、身体を機械化し、記憶をデータとしてサーバーに保存することができるようになれば、私たちは永遠に生きることができるようになるかもしれません。では、私たちはそのようにして永遠の生の獲得を目指すべきでしょうか。

反対派⑤　永遠に生きることは良いことではない、死はそれほど悪いことではない

永遠に生きることはそれほど良いことではない。第一に、どんな人でも数百年も生きていれば途中で飽きる。どんなに楽しいことも、永遠に繰り返されるとつまらなくなってしまう。不死はあらゆる経験の中にある喜びをすり減らしていき、最終的に無価値にしてしまう。多くの文学作品で不老不死は描かれてきたが、登場人物たちはたいてい生に退屈し、鬱屈した人生を送っている。

第二に、永遠に生きていると、いつかはすべての生き方のパターンが達成される。そうなると、後は誰もが同じように生きるだけである。したがって、永遠の生は私たちの人生から起伏を奪い、人生を平板な似通ったものにしていくだろう。人生から一人ひとりそれぞれの物語が失われることで、個人のアイデンティティの感覚も希薄になる。個人が永遠に生きる

とは、他の人とは違う個性をもった一人の人間として生きることをやめることにつながる。

さらに、死はそれ自体としては悪いものではない。そもそも死の瞬間、私は消滅するのだから、死を経験することはできない。経験できないのだから、痛くも苦しくも悲しくもない。私が経験できないものを私にとって悪いということには意味がない。

肯定派⑤ 永遠に生きることは良いことであり、死は悪いことである

私たちにはやりたいこと、経験したいことがいくらでもある。実際、どんなに頑張っても最後には結局、死という形での消滅が待っているという感覚は、私たちが積み上げるすべては結局無駄だという感覚をもたらす。何かを成し遂げてもどのみち死んで何も無くなるのなら、私たちが必死で生きることにどれだけの意味があるだろうか。滅びが存在しないという意味での不死だけが、私たちの人生を本当に意味のあるものにしてくれる。

だいたい、永遠に生きているからといって、必ずしも退屈するとは限らない。繰り返し楽しめることはいくらでもある。それに、私たちは時間とともに変わっていく存在である。子どもの頃につまらなかったことを、大人になって楽しむことができるようになった、という経験は誰しもあるだろう。同じように、一〇〇年後、一〇〇〇年後にはじめて楽しめるよう

になることもあるかもしれない。

　確かに、長い時間を生きていると私たちの生き方の軌跡は端から見ると、同じようなものになるかもしれない。しかし、そこで生きているのはあくまで一人ひとりの個人である。八〇年の人生だって宇宙的な観点から見れば、ちっぽけで十分に似通っているだろうが、それによって私たちのアイデンティティの感覚が失われることはない。永遠に生きていたとしても、人生の一瞬ごとに、何を見て、何を考え、何を選択し、何を経験するか、という主体性が個人から奪われることにはならない。

　最後に、死は悪いものである。それは、私たちが成し遂げたことを無に帰し、さまざまなことを経験する可能性を奪い去るからである。そもそも、経験できなくても悪いことはいくらでもある。死後、誤解に基づいて私の悪評を立てられることが、生前の私にとって悪いことだと考えるのにおかしなところはない。


　秦の始皇帝は中国を統一した後、家臣たちに不老不死の薬を探すよう命令を出し、自身も不老不死をもたらすと信じて水銀を摂取していたと言われています。偉業を成し遂げ、権力の頂点に立った人物でも、死によってすべてが無に帰してしまうことは恐ろしかったのでしょう。実際、何をしたところで最終的には何も残らない、という感覚は確かに私たちに無力感を突きつけます。不死ならば、そのようなことに思い悩む必要はなくなるでしょう。

他方、始皇帝が死んだ後も、万里の長城はいまだに確固として存在し、始皇帝が生きた証しを現在に伝えています。それで十分ではないか、不死に反対する人々はそのように反論します。むしろ、有限で一度きりだからこそ、私たちは時間の流れに敏感になり、成長や達成などの物語を味わうことができるようになるのであって、無限の時間を手に入れたなら、そもそも自分の人生を大事に思えなくなるだろう、と彼らは考えます。

時間の流れは始まりと終わりをもたらします。そしてその始まりから終わりまでを、他とは違うその人だけの仕方で辿《たど》るからこそ、私たちの人生の軌跡は物語になります。しかし、無限の時間に終わりはありません。そうすると、それぞれの軌跡も物語も生まれない、それではむしろ私の人生の意味はなくなってしまうのではないか、というわけです（本章の論点二での一人一人のラインの話も思い出してみてください）。

形而上学者の鈴木生郎はこの点について、「どのような物語も無限の人生の一エピソードである以上、個々の物語は、その人が何者であるかを完全に記述するものではありえない」[48]と述べています。私たちのアイデンティティの感覚はある意味で、それが自分の人生を懸けることになるような決断によって成り立っています。この場面で、この道を選ぶのが、この私なのだと。しかし、生が無限の長さをもってしまえば、そうした決断もまた無限に繰り返される中で、どんどん軽いものになっていき、結果としてアイデンティティの感覚は希薄になってしまうでしょう。

また、日本では「桜は散るから美しい」という言葉に代表されるように、儚《はかな》い命の中に美しさを見出す言説がよく見られます。それはここでの不死に反対する立場を後押しするものとなりそうです。『治療を超えて』の編著者であるレオン・カスらもこの問題について、「われわれのすべての活動には、とにもかくにも、我々の時間には限りがあるという認識、そして究極的には、それに使えるのは限られた時間のうちの一部だけだという認識が染み渡っており、その事実を感じる深さが深ければ深いほど、最も重要で不可欠だと考えるものに携わりながら命を費やしたいという思いが強くなるのである」[49]と述べています。

こうした主張はもっともらしいのですが、もう少し丁寧に考えてみることもできます。たとえば、このような有限のものを大切にする態度には、ないものねだりを諫《いさ》める、決して避けられない死を潔く受け入れるよう促す、という側面もあるように思います。しかし、機械化を通じて不死を目指す人々は、永遠の生を得ることを不可能とは考えていません。それは努力によっていつかは手に入れられるものです。

そうした努力の末に得た不死には価値がないのでしょうか。散らない桜は美しくないのでしょうか。ありがたみは減るかもしれませんが、毎日、少しでも美しいと思えるのなら、その積み重ねを合計すると散らない桜の方がありがたいという可能性だってあるのではないでしょうか。最も重要で不可欠とまでは言えないものだとしても、永遠に楽しめるなら、それはそれで幸福とは言えないのでしょうか。

不死の日々というのは、死と同じく私たちの誰も経験したことがないものであり、想像で語るしかないものです。永遠に生き、あらゆることを経験し尽くすというのはいったいどのような経験なのか、正確に思い浮かべることは困難です。反対派の人々が述べるように、フィクション作品の中で想像された不死の存在者はしばしば退屈していいます。確かに最初は楽しかったことも、繰り返しているとだんだんつまらなくなってきて、やがては飽きてしまうということは私たちの経験の範囲では正しいと言えるでしょう。しかし、すべてのことがそうなのかどうかは、それこそ有限の私たちには分かりません。倫理学者の鶴田尚美は、本書の五章三節で紹介する倫理学の重要な考え方⑦人格の同一性におけるパーフィットの考え方を利用して、私という存在は長い年月を通じて移り変わっていき、違う人間として生きていくものなのだから、必ず退屈するなどと考える必要はないと述べています。現実に不死となって永遠を生きていると、私たちは本当に必ず退屈してしまうのでしょうか[50]。皆さんも想像してみてほしいと思います。

死は本当に悪いのかというのも難しい問題です。肯定派⑤で述べられていた、死は経験の可能性を奪ってしまうから悪いという主張は「剥奪説」と呼ばれており、死を巡る哲学においてはかなり強力な説として知られています。私たちはひとたび生まれたなら、さまざまなことを経験する可能性をもっています。しかし、死はそれらを奪い去ってしまいます。生きていればあんなこともこんなこともできたのに、死んで花実が咲くものか、というわけです。

剥奪説は若くして死ぬことが、老衰で死ぬことよりも悲劇的に見えることをうまく説明できるという利点ももっています。若い人の方がたくさんの経験の可能性を持っていて、死はそれらを奪い去るからです。他方、剥奪説を否定する立場だと、若くして死ぬことと老衰で死ぬことの間に差はないことになってしまうので、この点においては、剥奪説の方が説得力があるように見えるかもしれません。

とはいえ、反対派は、老衰だろうと早死にだろうと、本人はそれを経験しないという点では、死者にとっては一緒である、と応答することもできます。（その時点で）存在しない者にとって何かが悪いということはありえない、と断固として主張するわけです。死の害についてさまざまな検討を行っている形而上学者の吉沢文武は「剝奪説の直観は……死者が死によって被る害の説明としてはうまく機能しない……［ひとが死ぬときには、そのひとは全く存在しなくなるという終焉《しゅうえん》テーゼのもとでは］死者が死の害を被る余地はない」と言って、剝奪説を批判しています。存在しないものから何かを剝奪することはできないのです（彼は同様に、死が人生を無意味にするという主張に対しても、存在しなくなったものを無意味にすることはできない、という趣旨の批判を行っています[51]）。

　日常的な実感にあっているのは剝奪説かもしれません。私たちは生きていれば手に入れることができたはずのものが奪われることを怖れ、死が近づくことを悲しみます。しかし、吉沢の批判が示すように、剝奪説も完全ではありません。死が親しい人にとって多くの苦しみや悲しみを与えるのは正しいとしても、死者当人にとって悪いということが本当に言えるかどうかは、なかなか難しい問題です。

　不死や可能な限りの長寿を目指すことの是非は、身体の機械化だけではなく、第七章で取り上げる遺伝子操作などともかかわっていて、非常に大きな論点です。とはいえ、この問題を突き詰めて考えるには、そもそも死とは何か、存在しない者は害を被りうるか、などといった問題を明らかにしていかなければならないので、本章ではここまでにしておこうと思います[52]。

4　サイボーグ化についてのまとめと医療化の問題

本章では身体の機械化、サイボーグ化を取り上げてきました。治療用途の場合に明らかなように、機械化は大きな利便性をもちます。そのため、何の規制もしないわけにはいかないとしても、全面的に禁止すべきともならないでしょう。私たちはこうした技術とどのように付き合っていくべきかを、利益とリスクを天秤《てんびん》にかけながら、真剣に考えていかなければなりません。

その際、本文では取り上げませんでしたが、国家や社会による個人の管理もまた、捨て置けない問題です。第一章でも登場した「医療化」という言葉がありますが、医療化することで、国家権力などは個人の行動を監視したり、それに介入したりする大義名分を得ることができます。なぜなら病気は単なる個人の性質の違いではなく治すべきものとみなされているからです。ここでは当人が健康を気にしないと言うならば、そのような反抗的な態度も含めて矯正の対象となります。たとえば、生活習慣病という言葉が作られたことによって、食習慣や運動習慣を含む、私たちのさまざまな生活習慣も統制の対象になっています。健康という強力な価値が打ち出されることによって、私たちの自由は国家や医療によって奪われていると言えるかもしれません。

同様に、機械化の進展は、一歩間違えば私たちの自由を奪うシステムになるでしょう。たとえば、今般の新型コロナウイルス対策の一環として、いくつかの国では携帯電話などに個人の位置情報や感染情報を記録させ、それを国家が管理するという方法を採用しました。記録をとらなかったり、わざと携帯電話をもたずに外出したりすると、厳しく罰せられることになります。その携帯電話が私たちの身体に埋め込まれたものだったとしたらどうでしょうか。そして、そうした国家が単なる記録をとるだけに留めるでしょうか。もっと直接に私たちの身体をコントロールしようとする可能性がまったくないとは言えないように思います。

個人の自由の保護と情報化、そして機械化の間でメリットとリスクのバランスをどのようにとっていけばいいのか、そもそもバランスを取ることが可能なのか、ということは今後も考えていかねばならない問題です（医療化は個人にとっても大きな意味を持ちます。美容整形の歴史の箇所で、コンプレックスが病気の一種とされたことで、美容整形もまた治療としての側面をもったという議論を思い出してみてください。そこでは自分勝手な振る舞いではなく、コンプレックスの治療と捉えられたことで、美容整形は大衆に受け入れられました。他方で、次章でとりあげるような精神疾患の歴史においては、医療化は「精神病患者」と言われる患者群を生み出し、彼らを隔離し、薬物を投与することを正当化する力として働きました)。

しかし、そもそも身体を機械化するとはどういうことでしょうか。ファッションの哲学の中でしばしば論じられるように、私たちの身体の輪郭、内側と外側の境界は、それ自体があやふやで、私たちのイメージ次第というところがあります。[53] 私たちはまだサイボーグ化していないのでしょうか。私たちは容易に道具と一体感を持ちます。肉体に侵襲的に埋め込まれていることが重要だとすれば、マイクロチップを埋め込まれたペットは、すでにサイボーグ化していることになるのでしょうか。スマートフォンを常時手放せない人はもはやそれが身体の一部になっているようにも感じ、スマートフォンを忘れて外出した日は、まるで自分の一部を忘れてきたように不安に駆られます。私たちはとっくにサイボーグ化しているのではないでしょうか。

スコットランドの哲学者アンディ・クラークはそこからもう一歩進んで、すべての人間は生まれながらにしてサイボーグなのだと主張します。[54] ここで言われるサイボーグとは、非生物学的なさまざまなものを取り込んでいく拡張可能性をもった存在を指しています。

クラークの考えでは、道具とつながることでサイボーグになるのではなく、道具とつながる可能性をもっているということ自体が、私たちがサイボーグであることを示しています。私たちは紙やペン、計算機器、コンピュータ、クラウドとつながって、複雑な計算を行うことができます。そうした道具との融合、一体化が可能であるため、人間として無限の可能性を秘めていると考えるのです。私たちは日々、さまざまな道具や情報にふれることで、自分をアップグレードし続けています。クラークの言うことが正しいなら、人間は誰しもサイボーグなのだから、サイボーグ化を恐れる必要などありません。結局、サイボーグ化について考えることは、人間とは何かを考えることとつながっているのです。

また、最後の論点では不死についても触れました。それが何歳のときに訪れるものであれ、現在の科学技術の下では、私たちはいつか必ず死ぬことになります。その意味では私たちは誰しも、完全な存在ではありません。私たちはどこまで完全を目指すべきでしょうか。美、運動能力などにおいても同様です。私たちはどこで満足をすべきでしょうか。

不死ではなくても人間は幸福に意味のある人生を送ることができる、私自身はそう思います。そこから、美や運動能力についても同じことが当てはまると考えます。完全を目指すことは美しいですし、それを目指す理由はあると思いますが、同時に、それらが完全でなくてもよいのだということです。良いものであれ、悪いものであれ、経験の可能性を奪うことが悪いことなのだ、と剝奪説が主張していたように、美も醜もどちらでも味わうことができる可能性があること、それ自体が人生を豊かにしているのだと思うのです。だからこそ、自分は美しくなくてはならない、美しくない自分には価値がないとか、運動能力が高くないと生きづらい、機械化を通じていつでも能力を高く保たないと社会の中に居場所がないとか、そのように感じさせてしまうことで自分や誰かの可能性を奪うこと、奪われることをこそ私たちは避けねばならないのではないでしょうか。

第Ⅱ部

「心」をつくりかえる？

第四章　認知能力を向上させる――スマートドラッグの倫理を考える

ここまで美容整形、ドーピング、機械化と、人体の改造の中でも身体的な側面の増強を見てきました。三章分の議論を重ねて、エンハンスメントをめぐる倫理的な論点がどこにあるかが、だんだん見えてきたのではないかと思います。第Ⅱ部では心的な側面および心的なものと身体的なものが交差する側面の改変について見ていきます。

この第四章では認知能力の増強について考えていきます。前章、機械化の際にはアイデンティティの感覚が失われるので、脳の機械化は認めない、という話がありましたが、ここではまさに脳に働きかける介入とアイデンティティの関係などがテーマになっていきます。

また、これもだんだん見えてきたかと思いますが、仮に増強的介入それ自体には問題がないとしても、それが引き起こしうる社会の評価基準の変化、それにともなう個人の意識への影響は介入の是非を決める際の一つのポイントになります。特に、直接的・間接的に生じる「強制」の問題、すなわち「しない自由がなくなる」という問題は今回も生じます。個人の満足という視点だけでなく、社会という観点についても注意しながら、考えてみてもらえればと思います。

Q：あなたはある有名大学に推薦で内定をもらった高校三年生です。とはいえ、二学期の期末試験で赤点をとると留年になって、内定は無駄になってしまいます。そうならないためには、明日の試験でいい点をとらねばなりません。しかし、あなたは内定に浮かれて最近の授業をまじめに聞いてこなかったので自信がありません。そのとき、ふと友人がくれた一粒の錠剤のことを思い出しました。この薬を飲むと、頭がすっきりして集中力が増し、思考能力が高まるそうです。しかも少量なら副作用は皆無であると言います。実際、彼はそれを試験前には飲んでいるとさえ言っていました。校則に薬を飲んで試験を受けてはならないという規定はありません。さて、あなたはどうしますか。理由とともに考えてみてください。

1　心的能力の増強をとりまく歴史

身体と比較して、人間の心的な側面の改変は歴史が浅いと思われる人もいるかもしれません。しかし、実際には古代から人間の心的な側面もまた改変の対象となってきました。わかりやすいのは教育です。繰り返し特定のことを教え込むことで、私たちの物の考え方、捉え方は確実に変化します。他にもアルコールの摂取や音楽を聴くことなどを通じて、私たちは日常的に気分を変えようとしています。

近代に入ると、さまざまな精神疾患について、医学や生化学の力で直接的に心的側面に介入する治療が考案され始めます。最初に優勢となったのは外科的な介入です。電気ショックなど、脳にさまざまな仕方で刺激を与える方法が提案されましたが、有名なものはいわゆるロボトミー手術でしょうか。これは脳の前頭葉の一部を切り取るもので、統合失調症の治療などに広く行われました。現在はそのあまりに苛烈な副作用などから、ほとんど行われていません。

ロボトミー手術の代わりに登場したのが、薬物による治療です。特に一九五〇年代以降は向精神薬が次々と開発され、精神疾患の治療は外科ではなく、内科の領域に変わっていきます。本章で扱う認知能力の増強も基本的には薬物によるものを想定しています。その歴史的な出自は二つあります。一つは、軍事利用であり、もう一つは治療です。順に見ていきましょう。

第二章では古代オリンピックで興奮剤が使われていたことを紹介しましたが、一九世紀以降、軍隊でも薬物の組織的使用が目立ちはじめます。状況判断、精神力に優れた兵士を安定して確保するために、薬物の研究が始まったのです。特に、航空機が戦争に投入されて以降、空軍ではパイロットに対し、覚醒状態を維持する薬を飲ませた上で、戦闘機に搭乗させ、危険な任務へと向かわせる、ということが常態化していきます。これは、パイロットの養成には時間がかかり、増員が容易ではないことにもよります。一人一人の優秀なパイロットをより長時間、より効率的に運用しようというわけです。第二次大戦では日本を含む多くの国でメタンフェタミンという、現在は覚醒剤に指定されてその使用や所持が刑事処罰の対象となっている薬が兵士に与えられていました。

治療の方はどうでしょうか。二〇世紀後半、発達障害という言葉が登場し、教育の現場で使われるようになってきます。それにともなって、学校での勉強にうまく馴染《なじ》めない子どもたちについて、勉強がうまくできないのは本人の努力ややる気が足りないのではなく、病気のためだという理解が広まっていきます。ここには前章で触れた医療化も生じています。落ち着きがない、注意力が足りない、勉強についていけないなどの行動は、注意欠陥多動性障害（ADHD）や学習障害（LD）などの障害として理解されることになります。[55] そして、病気である以上、それは「治療」すべきであるという発想から、アメリカでは子どもたちへの投薬が劇的に増加していきました。

二〇〇〇年代に入ると、治療としての介入から日常生活での個人的使用へと流れが変わります（この軍事利用、医療利用、個人利用という流れは美容整形の場合と同様です）。すなわち、発達障害を持たない学生や研究者らが、試験の成績をあげたり、研究に集中したりするために、薬物を使用する時代になったのです。欧米の学生たちの多くは友達からもらったり、SNSに書き込んだりという仕方で、医師の診断を受けずに薬を入手していると言われています。たとえば、NPO「Partnership for Drug-Free Kids」の二〇一四年の調査によれば、アメリカの大学生の二〇％がそうした薬を試験などのために使ったことがあるとされています。

これらの知性、認知能力を高める薬は現在ではスマートドラッグ、スマートピルなどと呼ばれており、さまざまな点で社会問題となっています。二〇一八年一一月には、厚生労働省は「脳機能の向上等を標榜《ひょうぼう》する医薬品等を個人輸入する場合の取り扱いについて」という通知を出し、健康被害や乱用のおそれから、スマートドラッグの個人輸入を禁止しました。

2　認知能力の増強手段とそのメリット

では、認知能力の増強についてもう少し詳しくみてみましょう。しばしば使われるのは、うつ病、ＡＤＨＤ、ナルコレプシーなどの治療用途で開発された薬です。[56]これらの薬物は疲労抑制、集中力の向上、睡眠時間の削減をもたらすと言われています。特に、アメリカでは学習障害の治療として、一般的に処方されています。こうした薬を飲むことで、それまで教科書をじっくりと読んだり、算数の計算をすることができなかったりした子どもたちが、授業に集中して勉強をできるようになるとされています。そして、そうした障害をもたない大学生たちもまた、それらを入手して試験勉強やレポートの執筆を行っているというわけです。

とはいえ、副作用も指摘されています。躁鬱《そううつ》、攻撃性の増加などの精神的作用をはじめ、中毒を起こすと不眠、行動のコントロールが利かなくなることなども招くと言われています。そのため、多くの薬は医師の診断と処方箋を必要とします。[57]しかしながら、一般の学生たちは自分で病院に行かずに学習障害のある友人が処方された薬を買い取ったり、学習障害があることを装う詐病《さびょう》というテクニックで薬を入手したりしています。スマートドラッグは大学生だけでなく、長時間集中して働かねばならないＩＴ企業のエンジニアや、高度な判断能力を必要とするスポーツ選手らにも蔓延《まんえん》しており、それらの濫用による副作用をどのように防ぐかということは、すでに欧米の社会問題の一つとなっています（なお、アメリカで使用されているものであっても、日本では覚醒剤、第一種向《こう》精神薬などに指定されている場合があります。前者は当然一般の人は購入・所持できませんし、後者の購入にも処方箋が必要であり、個人的な輸入や売買は禁止されています)。

では、そのようなマイナス面があるとしても、なおスマートドラッグを使って高度な認知能力を手に入れることにはどんなメリットがあるでしょうか。

第一に、高度な認知能力は他の価値あるものを手に入れやすくなるという「道具的価値」を持ち、スマートドラッグはその能力を高めるという点が挙げられます。認知能力が改善したことで生活がしやすくなる、仕事がうまくいく、社会的に成功するという事態は充分に考えられるでしょう。薬物の使用によって、より高度な研究を行ったり、より素晴らしい芸術作品を生み出したりすることも可能であるかもしれません。実際、過去の芸術作品の中には薬物の力を借りているものもたくさんあります。たとえば昭和初期を代表する小説家の坂口安吾は、「反スタイルの記」という随筆の中で、そうした薬の力を借りて小説を書く生活について綴《つづ》っています。

また、認知能力の向上によって、複雑な経済、法律などの問題に悩まなくて済む、あるいは道に迷わなくなる、物忘れをしなくなる、そして気持ちがあがって自信がもてる、こうしたことは端的に生活の質の上昇をもたらしうるでしょう。

特に、人は自身の認知能力を向上させることで他者よりも優位な立場を得ることができます。そのことは現代のような競争社会においては特に大きな意味を持っています。入学試験や入社試験のような定員が決まっている試験では、他人より一点でもよい点をとることは、極めて大きな利益になります。こうした社会での競争において、スマートドラッグの使用は有用になってきます。

3　薬物による認知能力の増強は倫理的に許容され得るか

では、改めて、スマートドラッグを用いた認知能力の増強の倫理的な側面について見ていきましょう。まず前提として、スマートドラッグの使用を肯定する人々も健康被害のことは考慮に入れます。つまり、使用者の健康被害が大きい覚醒剤のようなものは肯定されません。しかし、健康への被害があまり大きくないのなら、そしてその被害を上回るほどの利益が得られるのなら、スマートドラッグの使用は肯定されるのではないか、というのが彼らの考えです。

実際の所、どんな薬であっても副作用がまったくないということはありません。市販の風邪薬でさえ説明書にはさまざまな副作用の可能性が列挙されています。治療の場合には多少の副作用があっても、病気が治るという大きなメリットがあります。放射線治療などのように大きな副作用が見込まれるものであっても、がんなどの命にかかわる病気の場合は、メリットと比較して使用が認められています。そして、それは健康な人についても同様であり、副作用があるというだけでは、その使用は禁止できないだろう、というのが使用肯定派の基本的なスタンスです。スマートドラッグの使用に多少のリスクがあるとしても、それを最小化し、そこから得られる利益を最大化する、ということが私たちの目指すべき方向性だというわけです。

以下では、具体的にさまざまな論点をとりあげていきますが、これまで同様、他のジャンルのエンハンスメントとも比較しながら考えてみてください。たとえば、美容整形やスポーツ、機械化のような形の身体的なものは改造してもいいが、心については改造してはならないのではないかと考えた人は、ぜひその考えが維持できるかどうかを考えてもらえればと思います。

論点一　スマートドラッグの使用はアイデンティティの感覚を脅かすか

最初の論点は、機械化の論点二でも話題になったアイデンティティの感覚についてです。スマートドラッグの使用は、機械化と同様、あるいはそれ以上に、アイデンティティの感覚に対する脅威になる可能性をもっています。それは、スマートドラッグの使用に反対する根拠となり得るでしょうか。

反対派① スマートドラッグの使用は自分の能力が偽物だという感覚を与え、アイデンティティの感覚を脅かす

仮に認知能力が高い価値をもつとしても、薬物で作られた能力は人為的なもの、偽物であり、真正なものとはみなされない。本当に価値をもつのは本物の能力だけである。パズルでも、ミステリー小説でも自分の力で答えに辿《たど》り着くから楽しいのである。薬で能力を得て犯人を当てたとしても、それはこっそりネタバレを読んだり、誰かに教えてもらったりしたのと変わらない。各種の試験は、本当に能力の高い人を求めて行われる。薬で高められた能力は実力ではないのだ。

さらに重大なことに、スマートドラッグの使用はこれまでの自分を壊してしまう、自然な人間のあり方（人間本性《ほんせい》）から外れさせてしまう、という大きな問題がある。たとえば、薬

物の使用で急激に認知能力を向上させた人間は、自分が自分であるというアイデンティティの感覚が揺らぎ、使用前の本人にとって本質的なものを失う。外見や筋肉以上に、認知能力という精神的なものへの介入は、自分が自分であるという感覚を危機に追い込んでしまう。どんなに多くの利益が得られるとしても、それを手放してはならない。

肯定派①　認知能力に偽物などなく、アイデンティティに脅威を感じる必要もない

本物とか実力とかいうものは、それほど重要なものではない。そもそも、実力とは何を指すのか。試験における実力とはいったい何を指すのか。たとえば、直前まで音楽を聴いて集中力を高めることは、実力のうちか。かつて一世を風靡《ふうび》した曲には魚を食べると頭が良くなる、と歌うものがあったが、魚を食べることは実力の発揮に反するのか。魚から抽出したサプリメントを摂取することはどうか。結局のところ、実力かそうでないかを決める決定的なラインなどない。実際に何ができるか、ということこそ大事なのである。

また、本当の自分ということにも思い悩む必要はない。私たちは日常生活の中で、酔っ払ったり、激高したり、何かに集中したり、さまざまな仕方で、普段の自分とは違うさまざまな反応を示すことがあるが、それらはすべて本当の自分である。薬を飲むと、認知能力が高

まった自分になるのであって、別人になるのではない。

ここでの論点は「本物」をめぐってのものです。この点は、次章でより掘り下げて考えますが、ドーピングの時と同様、スマートドラッグを使って試験でいい点をとるのはやはり本人の実力を発揮することではなく、どこかズルい感じがします。もしそのような仕方で手に入れた能力が「本物」ではないのなら、それは自己責任において追求されてよいものというよりも、むしろ人を誤った方向に進ませるものとして選択肢から排除されるべきだというわけです。ここで、一つ倫理学の考え方を見ておきましょう。

倫理学の重要な考え方⑤　比較可能なものと比較不可能なものの区別

倫理学の世界ではしばしば、価値を比較可能なものと、比較不可能なものに区別します。比較可能なものの場合、たとえば「より善い」「善い」「悪い」「より悪い」は順に価値が低いものになっていき、私たちはより価値が高いものを目指すべきと言われます。その際、それぞれを足し合わせることもできます。「多少悪いところもあるが、全体としてはより善い」は「善い」よりも価値が高い、ということもあり得ます。他方、比較

不可能な価値は、他の価値と並べることができません。特に、比較不可能な悪さを含むことは、善いところがあったとしても、絶対的に禁止されます。

たとえば、昼食に何を食べるかの判断は、どちらの方が美味《おい》しいか、量が多いか、など比較を通じて決めてもいいかもしれませんが、無実の人を殺すことはどれだけお金が儲《もう》かるとしても、それは比較不可能な仕方で悪い行為であり、認められないと考えられるでしょう。別の言い方をすると、世界にはトレード可能なものと、トレード不可能なものがあるということです。何かより善いもののために交換してよいものと、決して交換に出してはならないようなものがあります。私たちは、議論している事柄がどちらの基準で判断されるべきかを、慎重に見極めなければなりません。

そして、ここでの「能力が本物であること」「自分が自分であるという感覚」は、交換に出してはならないものだ、と反対派は考えています。つまり、本物でないのなら、自分が自分であるという感覚が失われるのなら、それらを手放すことによってどれだけの利益があるとしても、それは認められることではない、というわけです。

しかしながら、確かに肯定派が指摘するように、実力とは何か、というのは改めて考えてみるとなんだかよくわからないものです。いったい何が本物で何が偽物か。それは誰が決めるのか。スマートドラッグ反対派は、決定的なラインがないとしても、それは区別がないことと同じではない（たとえば、昼と夜を区別する決定的なラインがないとしても、昼と夜の区別がないことにはなりません）、という反論をしそうですが、果たしてそれはどれくらい強い根拠をもつでしょうか。その意味では、「本物」に基づく批判は決定的とは言いがたいようにも思えます。

しかし、いくら思い悩む必要はないと言われても、現実的に薬の使用によって、私たちが自分の能力が本物かどうか、そして本当の自分とはどんな存在かを疑ってしまうという事態に追い込まれてしまうこと、これは実際に生じ得ます。たとえば、ある高校生が薬を飲むことによって、普段よりも集中して読書ができるようになったとします。これはとても喜ばしいことです。しかし同時に、薬が効いているときと、そうでないときのギャップに苦しむようになっていきます。薬を飲む前後で、あまりにも変化が大きいので、いったいどちらが本当の自分かわからなくなってしまうのです。スマートドラッグの継続的な使用はこのような事態を引き起こしかねません。この高校生に向かって「悩む必要はないよ、どちらも自分だよ」と言っても、現実に大きく引き裂かれている感覚がある以上、苦悩はそう簡単には解消しないでしょう。

自分が何ものであるかに自信をもてない状態というのは辛《つら》いものです。美容整形の際にも、手術前の私と手術後の私、どちらが本当の私なのかという議論がありました。熱心に勉強するなどの他の仕方でも認知能力を高められるのなら、そうしたリスクをあえて負う必要はない、そのようなリスクを負って試験に臨まなければならないような競争社会はおかしい、スマートドラッグ反対派はそう考えます。この考え方には一理あるように思います。

論点二　スマートドラッグの許容は社会を平等に近づけるか

続いて社会全体に対して、スマートドラッグはどのような影響を与えるでしょうか。反対派の考えでは、スマートドラッグの許容は社会全体に、利益よりも害の方を多くもたらします。しかし、肯定派はそうは考えず、むしろそれは社会をよくする可能性を秘めていると考えます。

反対派②　スマートドラッグは社会の格差を拡大する

エンハンスメントは貧富の差を拡大し、不平等をもたらす。新しい技術に対するアクセス権をもつのは一般に富裕層のみであり、その技術を用いることですでに持てる者はより多くの富を集め、貧しい者はいっそう虐げられることになる。認知能力のような分野のエンハンスメントにおいては、その傾向が特に顕著である。実際、学歴の影響が強い社会においては、良い大学に入ることが収入をはじめとしたその後の人生を左右するということが往々にしておこる。新しく強力で自分たちにより効果を発揮するような薬を先進国の富裕層が開発し、独占している限りは、平等な社会など決して訪れず、格差は拡大するばかりである。

肯定派②　スマートドラッグは社会を平等にする

スマートドラッグによる認知能力の増強はむしろ、社会をより公正、平等なものに近づける。認知能力の増強がもたらす恩恵はすでに認知能力が高い者よりも、一般に、そうでない者に対してその効果が強いという説もある。また、能力の向上には上限もある。そのため彼らによれば、スマートドラッグの使用は遺伝や環境による偶然的な能力の分配、すなわち能力クジを是正し、より平等な社会、機会の均等をもたらすことができる。

公平性、平等はこれまでのどの章でも登場しているので、ここで改めて少し理論的なことを説明したいと思います。

倫理学の重要な考え方⑥　平等にはさまざまな考え方がある

平等、公平にはさまざまな捉え方があり、その点を意識しないと、平等をめぐる議論はすれ違いに終わってしまいます。まずは次の三つの平等を区別する必要があります。

(a) 結果の平等主義：最終結果としての取り分が同じになることが平等である。

(b) 運・機会の平等主義：本人の責任でないところ（＝不運）で生じた不平等を是正したり、選択の機会を保障したりすることが平等である。それ以外の自分の選択の結果として生じる格差は自己責任であり、受け入れねばならない。

(c) 最低限の平等主義：選択にも結果にも関係なく、生きていく上で最低限の資源を全員に保障することが平等である。

たとえば、努力の結果として成功して裕福な宝田、努力はしたが不運のせいで失敗して貧しい城華《たちばな》、努力をしなかったので失敗して極貧生活の中原、という三人がいたとします。今、限られた資源を三人に平等に分配しようとしているとしましょう。

全員の最終的な持ち分が同じになるように資源を配るのが（a）です。この場合、宝田と同じ持ち分になるように城華と中原に資源を配るということになるでしょう。資源が足りなければ、宝田から徴収して二人に配るということもあり得ます。

努力はしているが、不運のせいでうまく行っていない城華に重点的に配るのが（b）です。ここには不運がなければ可能だったはずのチャレンジの機会を与えることも含まれます。一方、成功している宝田、努力をしていない中原には何も配りません。

最後に、城華や中原が最低限の暮らしができるまで資源を配るのが（c）となります。この配分は、一見不平等であるように見えるかもしれませんが、将来、宝田が事業に失敗して貧困に陥ったとしても、最低限の生活が保障されているという意味で平等ということになります。
（a）「結果の平等主義」は自己責任重視の現代社会ではあまり人気がありません。努力をした人とまったくしていない人で取り分が同じになってしまう、あるいは努力して得たものが努力をしていない人のために奪われてしまうのなら、誰も努力をしなくなるだろうということです。

同様の理由から、努力をしなくても最低限の生活が保障される（c）「最低限の平等主義」に対しても抵抗を示す人がいます。とはいえ、結果の平等と違って、この最低限の平等主義は、全員に生活保障がされているかぎり、それを超えた収入や資産の差は許容するので、そのことまで理解したうえで最低限の平等主義に反対する人はそれほど多くはないかもしれません。
（b）「運の平等主義」はまずまず人気がありますが、実際に実施するとなると、私たちの人生は生まれもった遺伝子、生まれ育った環境を含めて、全体的に運の影響を受けすぎているので、実質的にはそこでの不平等を完全に是正するのは極めて困難です。そもそも努力できるかどうかも環境や遺伝子の運によるところが大きいということが分かっているので、（b）を採用するのは実質的に不可能ではないかという批判もあります。
また、何を配るのが平等につながるのか、についてもさまざまな考え方があります。
（i）財の平等主義：金銭などの財の量が等しくなるように分配する
（ii）幸福の平等主義：幸福感が等しくなるように、諸事物を分配する

(iii)関係の平等主義：互いの関係が等しくなるように、諸事物を分配する

(i)「財の平等主義」を採用するなら、配るのは金銭や物資ということになります。(a)と組み合わせるなら、全員が同じ量の財貨を所持する配分を目指すということになります。

他方、同じだけの財貨をもらっても同じだけの幸福感を得られるかどうかは分かりません。たとえば、生まれつき足に障害をもつ人は、車椅子を買わねばならない分、障害をもたない人と等しい量の幸福感を旅行などから得るためにはより多くの財貨を必要とするかもしれません。そこで(ii)「幸福の平等主義」が登場します。これを採用するなら、重要なのは幸福感が等しくなることなので、車椅子を購入する分の財を多めに配分することは認められます。すなわち、配分するもの自体の量は違っても問題ないということになります。

それに対し、(iii)は配分方法そのものにも注意するように主張します。あなたは人より劣ったところがあるから多く財貨を与えますという配分の仕方は、当人の自尊心をくじいたり、申し訳ないという気持ちを過度にもたせてしまったりして、人々が対等な

関係を築けなくしてしまう可能性があります。そうならないように社会に生きるすべての人の関係が等しくなるように配分はなされねばならない、というのが（iii）の主張です。

これらの（a）〜（c）、（i）〜（iii）のどれを採用したら良いかというのはとても難しい問題です。しかし、いずれにしても建設的な議論を行っていくためには、自分は何のどんな平等を重要視しているのかに自覚的である必要があるでしょう。[58]

さて、スマートドラッグの話に戻りましょう。第一章では美容資本という言い方がありましたが、認知能力もまた、それを使っていろいろなものを得ることができるという意味では、ある種の資本と捉えることができるかもしれません。そして、資本の配分に関して、格差や不平等が生じるのではないか、ということがここでの論点ということになります。

肯定派の考えでは、誰でも認知能力を直接高められるという点で、スマートドラッグは認知資本を平等に分配し、遺伝や環境の影響、すなわち本人の努力ではどうにもならない運による影響を是正する力を持ちます。それに対し、否定派は（ドーピングのときと同じように）、誰もがスマートドラッグを手に入れられるような状況にはなりそうにないこと（スマートドラッグを買う財力が必要）、少なくとも自分によく効くスマートドラッグを手に入れられるかどうかという運の影響を排除できないこと（認知能力に恵まれるという遺伝クジから、スマートドラッグがよく効くという遺伝クジに、クジの種類が変わるだけ）、それらを踏まえると、スマートドラッグによって完全な平等をもたらすことは無理だと考えます。

とはいえ、最低限の平等を目指すために、政府が認知能力の多寡に応じてスマートドラッグを確実に配布するなら、一応、平等は達成できるかもしれません。ただ、そのときにも、それが単に金銭の平等を超えて、幸福感の平等、関係の平等にまで至るような仕方でそうした配布を行うことができるかどうかということが問題になるでしょう。実際、仮に認知能力に価値があるとしても、それが個人の幸福に結びつくかは結局のところ、分からないのです。

論点三　スマートドラッグの許容は強制の問題を回避できるか

最後に見ておきたいのは、これもお馴染《なじ》みになりつつある強制の問題です。軍拡競争という比喩もありますが、スマートドラッグにおいても一方が能力を高めると、負けないために、もう片方も能力を高めざるを得ないような状況が発生しかねないように見えます。この強制の問題は回避可能なのでしょうか。

反対派③　スマートドラッグの許容は、使用を強制し自律的決定を侵害する

認知能力の増強は強制という社会的問題を引き起こす。競争社会において、ある者がエンハンスメント技術を用いた場合、残された側は必然的にその技術を用いるよう圧力を受けることになる。自分も同等の技術を用いなければ確実に競争に負けるためである。

その際、スマートドラッグを肯定する人々は健康への影響をあまりにも軽視している。彼らの考えでは、リスクはコントロールできるものである、適切な量を適切に使用すれば、健康被害は起きない、というものだ。しかし、スマートドラッグのような薬物は、依存性が高く、適切に使用し続けることができるようなものではない。そして、ドーピングのときに見たように、競争的状況では、相手より少しでも優位に立つために、より効果の高い薬をより多く摂取するという方向に、人は動かされやすい。つまり、強い圧力のもとでは、人々は安全で適切な用法を守らない（守っていたら負けてしまうので、守っていられない）。そうなると、リスクはとうてい個人でコントロールできるものにはならない。

肯定派は、認知能力は普遍的価値を持ち、それを求めるのは健全な競争の一部だと主張しているが、それは人間にとって重要なものを侵害しない限りにおいてである。ブラック企業

が規制されるように、競争は一定のルールに基づいて行われなければならない。何人も社員を過労死させた上で会社が成長しても、その成長は肯定できるものではない。同様に、スマートドラッグの使用が、人間性に対する重大な侵害の可能性をもつ以上、それがどれだけ社会を発展させるとしても、その使用を強制するような制度はあってはならない。

肯定派③　スマートドラッグは競争的場面でのみ使われるわけではない

高度な認知能力は競争的な場面でのみ使われるわけではない。それは、より高い認知能力をもつことがそれ自体としても価値をもつからだ。芸術を理解する能力、自然を賞賛する能力、哲学的な推論を楽しむ能力、科学を通じて世界について知る能力、こうした能力はそれ自体として肯定的なものと考えられている。お金がもらえるわけでもないのに、私たちはパズルゲームや数独、ミステリー小説の犯人推理などに何時間もかけることがあるが、これはそのように頭を使うことそれ自体が楽しいこと・良いことだからである。そのような能力を得るために、自分の判断で薬を飲むことは自己責任であり、他人がどうこういう問題ではない。

それでも個人の自由な使用が強制をもたらすというなら、一部の専門職に限定して使用を許可するということもできる。認知能力の増強によって、特定の職業での仕事の精度が上がるなら、それは社会全体の利益につながる。たとえばより集中した精神状態を維持することで、外科医による手術の成功率は上がり、学者は高度な研究に従事することができるようになる。特定の職業における仕事の効率が上昇したならば、社会は全体としてより大きな利益を得ることができる。よりレベルの高い医師、科学者、警察官、政治家などの専門家がいる社会は、より成功した、より安全な社会であると考えることができるだろう。そしてそのような効率的で安全な社会をもたらすという点で、スマートドラッグの使用は価値を持つし、そこでは反対派がいうような競争は生じない。

スマートドラッグを巡っても美容整形やドーピングの際に問題になった強制が論点にあがってきます。特に、現在のような競争社会においては、避けがたく強制が生じる、と反対派は考えています。肯定派もある程度そのことは認めますが、それでも同時にそれ以外のメリットにも目を向けるように言います。自己満足のために行われる美容整形があったように、スマートドラッグの使用にも個人的なものがあり得るのではないかということです。能力の高まりは自信につながります。それは認知能力の向上でも同様です。落ち着いて自信に満ちた振る舞いは間接的に勉強や仕事、人間関係での成功につながり、生活の質を高めてくれる可能性があります。それは誰かの上に立ちたいとか、そういうことではなく、少しの生きやすさを求めることであり、それをも否定するのはやり過ぎだということです。

あるいは少し譲って、試験などといった競争的場面での使用は禁止して、公共の場面にスマートドラッグの活用方法を見出す、という肯定派の意見も興味深いものです。とはいえ、効率的で安全な社会という論点は、スマートドラッグの出発点の一つが軍隊での使用にあったことを思い出させます。そこでは戦場でのより効率的な運用のために、兵士たちに薬が投与されていたのでした。それは確かに戦争での勝利という目的達成に役立つものだったと言えるかもしれません。しかし、同時にそこでは兵士たちは人間というより道具として扱われており、薬物の過剰な使用、濫用による後遺症や誤爆事件などが生じていたことも報告されています。

同様のことは社会で使われる場合にも起きるでしょう。外科医の手術の効率は高まり、私たちは安全に手術を受けられるようになります。しかし、薬のおかげで成功するケースが増える一方で、薬の濫用のせいで失敗するケースも稀《まれ》に生じるでしょう。私たちはそうした仕方で発生する医療ミスを、それでも薬を使わなかった場合よりもミスは減っている、として受け入れられるでしょうか。[59]

また、スマートドラッグの使用が一般化していけば、外科医たちは薬を飲まずに手術することができなくなっていくでしょう。その中で身体を壊してしまう外科医たちも現れるでしょう。それはより安全な社会を手に入れるために必要な犠牲でしょうか。現在でもすでに仕事や勉強のために、エナジードリンクと言われるカフェインが多く含まれる飲料を飲み過ぎて、体を壊す人たちの存在が指摘されています。先に挙げた坂口安吾も「どうしても飲みすぎて、顔色はそう白となり、汗はでる、動きはうつ、どうもいやだ、もう飲みたくないと思うけれども、仕事の無理をきかせるためには飲まざるを得なくなってしまう」と書き残しています。[60]

もちろん、完全に安全な薬物が生み出されるならそんな心配はなくなるかもしれませんが、反対派はそんなことは期待できないと考えています。何度も述べてきたように、他の人よりも高い能力を示すためには、他の人よりも多く、適正な容量を超えて薬を摂取しなければならないからです。スマートドラッグを強制してでも達成されねばならない社会とはどんな社会でしょうか。

4　スマートドラッグについてのまとめと比較不可能なもの

本章では人間の心的側面への介入、具体的にはスマートドラッグの使用を中心として、認知能力の増強について見てきました。今回もさまざまな主張を見てきましたが、倫理学の重要な考え方⑤「比較可能なものと比較不可能なものの区別」を踏まえて考えるなら、肯定派と反対派の主張は以下のように整理できます。

肯定派：スマートドラッグの使用は、害と比較してより多くの利益をもたらすので、安全性を確保してリスクを減らしつつ、積極的に容認すべきだ。

反対派a：スマートドラッグの使用は、利益と比較してより多くの害をもたらすので、容認できない。

反対派b：スマートドラッグの使用は、どれだけ多くの利益が得られるとしても、絶対に損なってはならないものを損なっているので、容認できない。

スマートドラッグは個人で使用する分には、一見、問題がないようにも見えます。また、適度に使うことができれば、副作用も少なく、自信を持ち、生活をよりよいものにできるかもしれません。そもそも義務教育というものが存在するように、私たちの社会は認知能力が高く勉強ができることをそれ自体としても手段としても善いことだと考える傾向があります。「魚を食べると頭がよくーなるー」と歌われると、私たちはこぞって魚を食べますし、テレビの健康番組で何らかの食品が能力を高めると紹介されると、次の日にはスーパーでその食品がよく売れます。処方箋医薬品はハードルが高いとしても、集中力を高めるなどとうたったエナジードリンクの類いはコンビニエンスストアなどでも売られているため、試験のみならず、対戦ゲームなどに挑むときなどに、それらを服用するという話もよく耳にします。

しかし、他方で、やはり個人の内面に対する介入には抵抗が残るのも事実です。また、『アルジャーノンに花束を』[61]にも描かれていたように、知性と幸福の関係は一意ではありません。知性が高ければ幸福というわけではありませんし、知性が高くなければ幸福にはなれないような社会を作るべきでもないでしょう。休み時間ごとに生徒たちがスマートドラッグを服用しながらレポートを書いている社会は理想的な社会には見えないような気がします。

社会科学の哲学を専門にする吉田敬《けい》は、認知能力の強化について述べた論文の中で、増強肯定派の最大の問題は「彼らの提示する議論が結局のところ、既存の社会制度を前提とし、更にそれを強化するものでしかないというところにあると考えられる」[62]とし、「むしろ、エンハンスメント技術が乱用されるような社会の状態を批判的に捉え、改善することが必要とされている。そこにこそ、人間の自由があり、エンハンスメント技術を自由化したり、個人の思うがままに使ったからといって、人間が自由になるわけではないのである」[63]と続けています。エンハンスメントの是非を論じるにあたっては、今の社会の中で自分が得をするにはどうしたらいいか、という観点だけではなく、より良い社会とはどのようなものか、という観点にも、私たちは関心を払い続ける必要があるでしょう。

なお、毎回の注意書きですが、安易なスマートドラッグの使用は絶対に行わないようにしてください。そもそも日本ではエンハンスメント目的での処方は認められていませんし、個人輸入も禁止されています。また、病院で処方されるもの以外はスマートドラッグをうたっていても、成分は適当なもので効果はほとんどなく、逆に、健康に悪影響を与えることもあるので、注意してください。

第五章　気分・感情・性格を変化させる——感情制御の倫理を考える

前章では知性や認知能力への介入の倫理的是非を検討しました。本章でも、引き続き、人の内面や心的側面への介入を検討していきます。私たちの心の有り様は脳と深く関係している以上、脳に生化学的介入を行うことで、私たちは心についてもある程度、操作することが期待できます。中でも気分や感情のエンハンスメントとは、落ち込んでやる気がでない、悲しくて何も手に着かない、などのネガティィブな状態を、薬などの力でポジティィブにしていくことを指します。

たとえば、抑うつの治療のために開発された薬を、健常な人が用いることで、一時的なネガティィブな気分を避けることができるのではないかと言われています。さらに、性格そのものにまで働きかけることで、落ち込みやすいとか、引っ込み思案などのネガティィブな性格を、明るく積極的といったポジティィブなものにする、という操作の可能性も論じられています。

さて、私たちはそのようなエンハンスメントについてどのように考えるべきでしょうか。

Q：あなたはここ数日、徹夜して一生懸命学期末レポートを書きました。しかし、思ったよりも成績がよくなくて、気分が落ち込んでいます。落ち込んでも仕方がない、勉強するしかない、ということはわかっていますが、なかなか気分はよくなりません。そこで、ふと、友人がくれた「気分があがる」という薬のことを思い出します。副作用はまったくなく、本人も落ち込むことがあったときに、何度か使ったことがあると言います。さて、あなたはどうしますか。

1　気分や感情、性格の操作の歴史

私たちはさまざまな手段を通じて、自分たちの気分や感情、性格などをコントロールしようと試みてきました。古代では教育や習慣づけが重視されました。現代でも倫理学の教科書として参照される古代ギリシアのアリストテレスの倫理学は、徳のある人の真似をして一定の習慣を身につけることが、幸福になるためには重要であると説くものでした。スパルタというポリスは徹底した規律と訓練で市民たちを統制していたことで知られています。

近代に入ってまずは精神外科的な手法が採られたのは前章で見たとおりです。外科医の技術によって人間の行動や心を制御しようとしたのです。現代に入ると、投薬による内科的な手法が優位になりました。また、認知心理療法と言われる、瞑想《めいそう》なども取り入れた非侵襲的なトレーニングも盛んになります。近年ではマインドフルネスと言われる心を落ち着かせる方法もよく行われるようになっています。将来的には、バイオテクノロジーを利用してBMIやマイクロチップを埋め込んで、感情や思考を制御する仕組みも開発されていくことでしょう。[64]

さて、もう少し気分や感情の話に集中しましょう。今も昔も、間接的に気分を変える試みはよく行われています。たとえば、音楽や映画などの鑑賞、散歩やお喋《しゃべ》りなどの行動です。他方、化学物質で直接に気分を変えることも、大人たちはしばしば行ってきました。煙草《たばこ》を吸うことやアルコールの摂取などです。イライラする、塞《ふさ》ぎがち、などの対策として日光を浴びる、誰かとハグをする、などの仕方でホルモンバランスを改善することもしばしば推奨されています。

エンハンスメントでいえば、うつ病の治療等のために開発された薬物がその手段となっています。代表的なものとしては、選択的セロトニン再取り込み阻害剤（ＳＳＲＩ）などがあります。セロトニンは幸せホルモンとも言われるもので、これが脳内で不足すると気分がふさいだり、重くなると、抑うつ症状をきたしたりしてしまうことが分かってきました。ＳＳ

RIは脳内のセロトニンの量を増やすことで、そうした否定的感情を抑制することができると考えられています。

また、性格についても、SSRIによる介入は効果があるとされています。性格とは何か、についてはさまざまな考え方がありますが、ここでは「開放性」「まじめさ」「外向性」「協調性」「精神的安定性」などの特性をそれぞれどの程度有しているか、によって性格を捉える特性論で話を進めます。[65] 現代医学においては、より開放的に、あるいはより内向的に、などといった形で、こうした特性のパラメータを操作する研究が行われています。

機械的な制御の研究も進んでいます。これも現在のところ、うつ病の治療が主たる研究目的になっていますが、脳内にチップを埋め込み適切な刺激を与えることで、患者に喜びの感情をもたせることに成功したという報告もあります。さらに、このチップに脳内の状態を検知する機能を与えることで、落ち込み始めたら刺激を与える、という仕方で、日常の中でうつ状態を生じさせないということも可能になりつつあります。この技術もいずれ、うつ病以外の人たちにも応用できるようになるかもしれません。

そういうわけで、そのときどきの気分や感情、そしてそうした感じ方の特性としての性格を薬物などによって調整していくことの是非が今回の話題です。第I部では身体をテクノロジーの力で心に従わせようとする、ということを論じましたが、私たちは今日、心の動き方さえも従わせる対象にしようとしているのです（しかし、そのときに、心を従わせようとしている主体はいったい何なのでしょうか？）。

2　気分や感情、性格を操作して得られるもの

さて、「気分や感情を増強する、よくする」とは、具体的にどのような効果が見込まれることでしょうか。これについては、認知能力や運動能力ほど明確に、悪いもの、良いもの、より良いものが区別できるわけではありません。特に環境の変化によって、どのくらいの用心深さ、激しやすさが適切かなどは変わってきてしまいます。生命の危険が多いような環境では、慎重過ぎるくらいの方が、生存の観点からは重要かもしれませんが、安全な環境ではそのような性格は過度にリスクを恐れ、積極性を欠くものとみなされてしまうかもしれません。

それでも大まかに言うと、二つの可能性があります。一つは、ネガティブな気持ちをポジティブな方向に押し上げることです。そしてもう一つは、極度に過敏な反応、または鈍感な反応をより適切な反応にすることです。性格を変えるというのは特定の気分や感情を生み出

す個人の傾向性を変えていくことだと考えてみてください。何でもくよくよと落ち込みやすい性格を明るくさっぱりとした性格に変えるとか、神経質で怒りっぽい性格をおおらかで優しい性格に変えるといったことがイメージされています。これを可能にする技術は、まだまだ開発途上であり、完全な技術はありません。とはいえ、先に挙げたSSRIやBMI（ブレイン・マシン・インターフェース）の利用はそうした変化を可能にするポテンシャルを持つものとして注目されています。

3　気分や感情、性格の操作の倫理的是非

さて、安全性の問題を抜きにすれば、感情の操作のような心的なもののエンハンスメントについては大まかに言って、次の四つの事柄が中心的な論点になります。（1）真正さ、（2）適切さ、（3）豊かさ、（4）支配の四つです。以下、順にみていきましょう。

論点一　薬によって作られた感情は本物の感情か

最初の論点は、真正さにかかわるもの、すなわち薬によって得られた感情や性格は果たして本当のものと言えるか、というものです。ドーピングの論点二（ドーピングで得た記録は本

物ではないのではないか）、スマートドラッグの論点一（スマートドラッグの使用で得た得点は実力ではないのではないか）、とも関連しています。

反対派①　エンハンスメントがもたらす感情、性格などは偽物であり価値をもたない

薬によって引き起こされた感情に基づく幸福は偽物であり、薬によらない本物の感情から得られた幸福とはまったく異なるものであって、価値をもたない。ものごとの「感じ方」は私というものにとって、本質的な要素であり、私を始点としないような感情は押しつけられた偽物である。

また、それは本人の問題だけにとどまらない。偽物という感覚は、その人と関わる他の人からすると、騙《だま》されたと思ったり、わたしが好きになったのは偽物だったのか、応援していたのは偽物だったのか、近頃性格が明るくなったと喜んだのに偽物だったのかなどと落胆したりするようなことにもなりうる。

肯定派①　薬によって作られた感情でも偽物とは限らない

絵画などの場合と違って、感情は真贋《しんがん》を問うことにあまり馴染《なじ》まない。私たちは時ととももに自然に変わっていくものであるし、自分で自分をつくりかえていくこと、明日の自分を少しでも良くしていくことこそ、人間らしさそのものだろう。問題は自分で自分の感情を承認できるかどうかであって、それを他人が偽物であるとか言うことには意味がない。新しく得られた感情、性格に基づく自分に当人が満足できるのであれば、そこに道徳的に非難すべきことは何もない。

また、仮に偽物だとしても、その感情が一切役に立たないことにもならない。たとえば、あまりにも引っ込み思案で恥ずかしがり屋の人は、薬でそれを克服しておけば、たとえそれが偽物だとしても、人間関係を中心とした社会生活を円滑に送ることができるかもしれない。すなわち、たとえ偽物であっても、価値をもつような感情はある。したがって、周囲の人たちもそれによって落胆する必要はない。

ここで反対派は、エンハンスメントによって得られた感情は、偽物であり、偽物の感情は価値をもたない、という二段階の主張を行っています。それに合わせる形で肯定派はエンハンスメントによって得られた感情でも偽物ではない、あるいは仮に偽物だと認めたとしても価値をもたないわけではない、と反論します。これは部分的にはスマートドラッグの論点一でも示されていた議論です。ここでは、本物ということについて、もう少し突き詰めて考えてみましょう。

反対派②　やはり薬によって作られた感情は真正のものとは言えない

肯定派①のような理屈だと、洗脳で得た感情や、偽りの記憶などもすべて本人次第で本物になってしまう。洗脳が完全であるなら、当人は自分の感情を躊躇《ためら》いなく「本物」の感情だと認めるだろう。ここでいう「本物」とは、所有者が満足するかどうかという問題ではなく、源泉の問題、つまりその感情がどこから生じているかという問題にかかわっている。芸術鑑賞などの外的な刺激によって自己の特定の感情が本人の内側から引き出されることと、薬の成分によって自己そのものが他者によって外側から強制的に変えられてしまうこととは違う。

さらに、たとえ肯定派①を認めて、本物かどうかを決めるのは本人だと認めたとしても、何の問題の解決にもならない。なぜなら、当人自身もまたそれをどんな基準で決めればよいかがわからないからである。この応答は問題の先送りに過ぎない。薬を飲んだ後でも彼は、自分が幸せだと思っているものが本当の幸福なのか、薬のせいでそう思い込んでいるだけではないのか、と悩み続けることになるだろう。

また、現代社会において偽物の感情が価値をもつことがあるということを認めるとしても、そのような薬が必要となる社会は望ましいものとは言えない。物事の感じ方や性格は、当人のアイデンティティの感覚と密接に結びついたものである。内気な人はもちろん、どんな性格の人であれ、幸福に生きていける社会を作ることが重要なのであって、内気な人を薬の力で外向的にしていくような社会は、個人のアイデンティティの感覚を軽視するものであり、結局のところ、強者だけが幸福になれる社会である。これは決して好ましいものとは言えない。

この「源泉の問題」というのは、実はこれまでの他の議論にもかかわっているやっかいな問題です。たとえば、以下の三つの事例を考えてみましょう。

(a) 試験に失敗して気分が沈んでいたが、友人が訪ねてきて思いがけず、楽しい気分になった

(b) 試験に失敗して気分が沈んでいたので、コメディ映画を見に行って、楽しい気分になった

（c）試験に失敗して気分が沈んでいたので、楽しい気分になる薬を飲んで、楽しい気分になった

これらのうち（a）を批判する人はあまりいないでしょう。問題は（b）と（c）です。反対派は、あくまで感情は当人の内側から湧き上がってくるものでなければならないと主張します。したがって、（b）は許容されますが、（c）は許容されません。それは、試験に失敗すれば気分が沈み、コメディ映画を見れば楽しい気分になるのが私なのであり、その私の有り様自体はいつでも尊重されねばならないからです。そして（c）は、究極的には、試験に失敗して気分が沈んでいる自分を問答無用で否定し、消去しようとすることであり、試験に失敗しても気分が沈まない私へ、私を強制的に造り変えていくことにつながっているからです（これまでに扱ってきた美容整形やドーピングは、気分を高め、自信をもたせることがあると述べましたが、これは（a）〜（c）のどれに近いでしょうか。美や運動能力を追求したところ、結果として自信もついた、ということなら（a）かもしれません。気分を高めようと思って行った、ということなら（b）でしょうか。しかし、人によっては自己の有り様を尊重していない、と考えて、（c）と変わらない、だから望ましくない、という批判をする人もいるかもしれません）。

エンハンスメント肯定派は、二つの応答が可能でしょう。第一に、（b）と（c）に、そこまで決定的な差はない、と言うことができます。コメディ映画を見るのだって結局のところ、視覚的・聴覚的な刺激を意図的に脳に与え、それを通じて脳内の物質の量を変化させることです。それと、薬を通じて脳内の状態を変化させることの何が違うというのでしょうか。重要なことは、当人がそれを望んでいるかどうかであり、その点では（b）も（c）も自発的な選択であって、どちらも許容される、と肯定派は言うかもしれません。

これに対して、極端な反対派は（b）にも苦言を呈するかもしれません。沈むべき時は、きっちり沈み反省することが大事なのだ、というわけです。それが正しいとすれば、（b）も（c）も不適切ということになるので、肯定派の議論はうまくいかないことになります。

そこで第二に、次節で述べるチューニング理論という考え方があります。これはざっくり言えば、次のような仕方で薬を使うことを提案するものです。

（d）試験に失敗して気分が沈んでいて、コメディ映画を見ていても楽しい気分になれなかったので、楽しいものをちゃんと楽しいと思えるようになる薬を飲んで続きを見ることで、楽しい気分になった次節に進む前に、もう一点だけ述べておきましょう。反対派②の最後の部分に対しては、アイデンティティのジョーカー化批判という応答があります。これはアイデンティティと言ってさえおけば何でも反論できる（トランプのジョーカーのように場に出せば何にでも勝てる）、というのはおかしいのではないか、という応答です。実際、機械化の論点二、認知能力の論点一など、さまざまな場面でエンハンスメントへの批判としてアイデンティティという言葉が登場しましたが、アイデンティティなるものの内実は不明であり、しかもそれ自体も時とともに移り変わっていくものです。

私たちの性格なども、外界の影響、状況次第で変化するものです。にもかかわらず、それをアイデンティティなどと言って、神聖化するのは理にかなっていないのではないか。エンハンスメントに対する切り札としてアイデンティティの感覚を持ち出す人たちは、こうした批判に応える用意をしておく必要があります。これはこの後の「深み」についても、あてはまる議論なので、心に留めておいてもらえればと思います。

倫理学の重要な考え方⑦　人格の同一性にもさまざまな考え方がある

アイデンティティと似たものの一つに、人格の同一性というものがあります。心的なものへの介入を扱う時にはしばしばこの人格の同一性が問題になります。

人格の同一性の問題とは、簡単に言うと、ある人とある人が同一人物であるといえるのはどういうときか、というものです。急激に性格が変わってしまった人をさして、私たちは「人が変わってしまった」「別人みたい」などと言うことがあります。しかし、人格が同一であるとはどのようにして担保されるのでしょうか。これについてもさまざまな考え方があります。

・魂説　：魂が同一であれば、その他がどう変化しようと同一人物である。
・身体説：身体が同一であれば、その他がどう変化しようと同一人物である。
・記憶説：記憶がつながっていれば、その他がどう変化しようと同一人物である。

魂説は最近ではあまり人気がありませんが、生まれ変わりなどは魂説を根拠にしていることが多いと言うことができます。前世の私と今世の私は魂が共通なので、同じ私であると言えるということです。

身体説は一見、もっともらしいですが、「わたしたち、入れ替わってるー！」という発言を自然なこととして受け入れられることを考えると、私たちは必ずしも身体説を採用していないことが分かります。鼓田《こだ》さんという人と南波さんという人が、頭をぶつけるなどして、鼓田さんの身体に南波さんの心が入ってしまった場合、私たちはその人を南波さんと見なすようだということです。また、身体説を採用する場合、身体のどのくらいの部分が同一であれば同一の人格であると言えるか、ということを考える必要があります。私たちの細胞は日々入れ替わっているので、完全に同一でなければならない、という基準だと、私たちは日々刻々と別人になっていることになってしまいます。三日前の鼓田さんと今日の鼓田さんが同じ人ではないというのはさすがにもっともらしくないでしょう。なお、身体説が正しければ、身体の機械化は人格の同一性に対する脅威になります。

記憶説も一見もっともらしいですが、記憶は捏造《ねつぞう》可能なので、同一性があやふやになるという問題点があります。たとえば、私たちは子どもの頃の写真を何度も見るうちに、本当は覚えていないのに、そこに行ったという記憶をつくり出してしまうことがあります。さらには仲の良い親友と思い出をいつも語り合っていたせいで、どちらの経験したことなのか、記憶が入り交じってしまったという場合、人格も入り交じるということになってしまいます。

このように考えていくと、そもそも正確に同一の存在であるかどうかなど、重要ではないのだという考えも出てきます。イギリスの哲学者デレク・パーフィットは、『理由と人格』（勁草書房、一九九八）の中で、大事なことは、前後の自分に心理的なつながりがあるかどうかであり、本当の意味で同一かどうかではないと主張しました。

同一性を巡る議論は錯綜《さくそう》しており、現在でも決定的な理論はないようです。ただ、パーフィットが言うように、重要なことは同一性ではなく、心理的なつながりであるという場合でも、心的能力についてのエンハンスメントは変化が急激であればあるほど、そうした重要なつながりを断ち切ってしまう恐れがあり、強力なエンハンスメントは、過去と現在、未来の自分を結ぶラインに対する脅威であり得ます（もちろん、第三章で触れたように、どうしても受け入れられない過去、現在の自分を脱するという意味では希望ともなります）。

さて、反対派は真正さに続いて、「適切さ」の観点から次のような批判も挙げています。

論点二　感情や性格への介入は、喜ぶべきことを喜び、悲しむべきことを悲しむことを不可能にするか

この論点は、薬で操作された感情や性格は、脈絡を欠いたものとなり、適切なものとは言えないのではないか、ということにかかわっています。以下、簡単に見ていきましょう。

反対派③　感情や性格は当人の人生のイベントと対応したものでなければ不適切である

感情が当人の人生のイベントと対応していることは重要であり、薬物によって感情と出来事を完全に切り離してしまった人物は人間性にとって非常に重要なものを失うことになる。大切な人との離別、目的を達成できなかったり、崇高な原則を守ることができなかったりした時、友を裏切った、友に裏切られた時などは、我々はそれに応じた苦しみを味わった方がよい。適切な仕方で喜び、適切な仕方で悲しむことが、人生にとっては重要なのである。

肯定派③　対応した感情を適切に得るための介入は肯定される（チューニング理論）

確かに反対派③が言うように、感情と出来事の対応は重要である。しかし、問題はエンハ

ンスメントが本当に常に出来事と感受性の乖離《かいり》をもたらすのかどうかである。確かに麻薬の類《たぐい》は現実に起こっていることと、感じられる快楽の乖離をもたらし、強制的に快楽を生じさせる。だが、肯定派が推奨している薬は、むしろ人生で出会うさまざまな出来事に対し、過度に落ち込むことなく、適度に反応できるようにするものと捉えられている。すなわち、適切に世界の音を拾えるように、薬を用いて私たちをチューニングしようとしているのである。

たとえば、心理学者のピーター・クレイマーはある女性について、心的エンハンスメントの結果、「全体として、恐怖心を抱かなくなり、自分を信頼でき、他人のものの見方を受け入れ、同時に彼女自身の対応に自信がもてるようになった」と述べている[66]。これのどこに不適切な点があるだろうか。

感情や性格のエンハンスメントにおける適切さの問題とは、私たちの感情は現実の出来事と対応していなければ不適切なものになるという問題です。たとえば、悲しいことがあれば悲しい気持ちになるべきなのであり、それを薬で押さえつけるのはおかしいということです。

しかし、チューニング理論が示しているように、肯定派は、悲しい気持ちになれない人、あるいは悲しい気持ちになりすぎる人が、まさに適切な場面で適切な程度に悲しい気持ちになれるように薬の力を借りるべきだと主張しています。実際、私たちはアンガーコントロール、ポジティブシンキングなどといった形で、過度に怒ったり、悲観的になりすぎたりしないように、自分の感情の流れのトレーニングを行うことがあります。エンハンスメントはそれを手早く、そして確実に行おうとしているに過ぎません。

反対派の人たちはなお、そもそも薬によってチューニングされたものは、人工的な手段を通過している以上、決して適切な悲しみとはなり得ないと反論するかもしれません。ここで反対派がこだわっている適切な悲しみとはあくまで、自然に湧き上がってくるものを指しています。その場合、問題は再び真正さに戻ることになります。

論点三　感情や性格への介入は人生の豊かさを奪うか

三つ目の論点は、豊かな人生にかかわるものです。すなわち、感情や性格の操作は、私たちの人生を深みのない貧しいものに変えてしまうのではないか、ということです。

反対派④　悲しむこと、苦しむことでしか分からないことがある

悲しみや不満は時として、他者の苦しみへの理解、日々の生活への感謝、より大切な物事

への気づきなどをもたらす。思いがけない不運に出会っても、それを何とか受け入れる中で人は成長する。苦しみを味わったことがあるから他者の苦難に共感し、彼らに優しくすることができる。不満があるから自己を磨き向上しようと思うのである。私たちは悲しみや苦しみを通じてはじめて人生の本当の豊かさに触れることができるのであり、それをなくしてしまったり、人為的なものに貶《おとし》めてしまったりするエンハンスメントは決して肯定できない。

肯定派④　上手に悲しめるようにするのがエンハンスメントである

繰り返しになるが、感情のエンハンスメントの目的は、私たちの感情を強制的に造り変えてしまうことではない。過剰と過小を避けて、悲しむべきことをうまく悲しめるようにチューニングすることが最大の目的なのであり、その意味では豊かさを味わえるような介入が、私たちの目指すところなのである。

苦しみもときには重要であるという主張は、不便なもの、不都合なもの、苦しいものをひたすら遠ざけようとする現代社会を鑑みると説得力のあるものです。哲学者の森岡正博は『無痛文明論』という著作の冒頭において「苦しみを遠ざける仕組みが張りめぐらされ、快に満ちあふれた社会のなかで、人々はかえってよろこびを見失い、生きる意味を忘却してしまうのではないだろうか」[67]と述べています。彼によれば「われわれはまず『苦しみは少ない方がいい』という思想と正面から対決しなければならない。これは身体の欲望との正面対決である。苦しみは少ないほうがいいというのではなく、苦しむべきときにはきちんと苦しむこと。その苦しみの体験があったからこそ、苦しみのあとで発見できるとても大切なものごとがある」ということになります[68]。できれば苦しみや痛みを避けて通りたいと思うのは私たちにとって自然なことです。それでも痛みをひたすら遠ざけられ、一度も苦しみを感じたことがないような人たちばかりの社会を想像してみると、怖い気持ちになるのも事実ではないでしょうか。

肯定派はこれに対して、再びチューニング理論を持ち出します。すなわち、適度に苦しめるようにするのが、正しい介入であるというわけです。ですが、チューニング理論は本当に万能の理論でしょうか。たとえば、反対派は次のような反論を行っています。

反対派⑤　本当の深みはやはり失われる

第一に、そもそも、何でも操作の対象にしよう、対象にできるという姿勢そのものが浅はかで悪徳を示すと言っているのだし、そのような操作によって深みを生み出すといっても、所詮それは演出された深みに他ならないのであって、反論にはならない。芝居はどこまでいっても芝居でしかなく、本物の重みをもった現実ではないのだ。
第二に、人が頭を使って考えたことを超えたところにこそ、本当の人生の深みはある。たとえば「あらゆることを考えてみても私はこの人を愛するべきなのに、私にはあの人しか愛せない」「親しい人を亡くして、私には悲しむべき理由があるのに、どうしてだろう、悲しみがわいてこない」など、自分の思い通りにならないこと、理性が告げるものを超えた感情の動きにこそ、我々は人の生の深みや味わい、豊かさを見いだしてきたのではないか。

こうした批判は、反対派によってしばしば持ち出されるものです。結局の所、肯定派は本当の深みというものを何も分かっていない、というわけです。お化け屋敷で怖がらせてもらって「真の恐怖とは何かを知った」というのがおかしいように、人為的に作られたものを通じてでは本当の人生の深みを味わうことはできない、ということです。

これは一見もっともらしいですが、「本当の」というところがアンフェアだという反論もあります。先述のアイデンティティもそうですが、何が「本当の深み」かを決める権利が、反対派にあるのなら、エンハンスメント肯定派は絶対に議論に勝つことはできないからです。肯定派が出してきたものにただ首を振って、「それは本物ではない」と言いさえすればいいのですから、肯定派に勝ち目はありません。しかし実のところ、「本当の深み」なるものがいったい何であるのか、反対派も本当に分かっているかどうか不明なのです。それを踏まえつつ、エンハンスメント肯定派はある種の譲歩を込めて、「バランスアプローチ」と言われる考え方を提案します。

肯定派⑤　利益と損失のバランスを考えればよい（バランスアプローチ）

深みや豊かさの喪失とエンハンスメントによって得られる利益のバランスを考えればよい。深みを失わないようにしてギスギスした家庭生活の上で離婚を迎え、荒《すさ》んだ生活を送ることと、たとえ薬の使用によって人間の生の深みなるものが減少するとしても、温かな家庭を維持すること、この両者の間のどちらが自分にとって重要かというバランスをとる。実際、エンハンスメントがあまり良くない感情を生み出すとしても、それを上回る圧倒的な量の良い感情を生み出すとすれば、やはりエンハンスメントは許容されるべきだということになる。あるいは、暴力的な性格などに関して言えば、薬物によってでもそのような性格が抑えられることは周囲の人にとっても当人にとってもよい結果をもたらしうる、ということは説得的だろう。

バランスアプローチに基づき、エンハンスメント肯定派の哲学者アレン・ブキャナンは次のように提案しています[69]。エンハンスメントと悪い性格は必ずしもつながりをもたず、工夫次第で悪い性格を得ることはいくらでも避けられる。たとえば、エンハンスメントを用いたからといって、必ずしも、真正の悲しみを感じられない人間になるわけでも、底の浅い薄っぺらい人間になるわけでもない。必ず他者を支配しようとする人間になるわけでもない。彼に言わせれば、我々に必要なことはエンハンスメントを一律に禁止することではなく、第一に適切な介入と不適切な介入を区別すること、第二に悪い性格につながるリスクを低減することです[70]。

ここに至ると、議論は前回登場した重要な考え方、比較可能なものと比較不可能なものの対比という論点に辿り着きます。すなわち、バランスアプローチに明らかなように、肯定派は、ここでの利益と損失は比較可能であると考えています。他方、反対派は心的なものへの介入は、私たちにとって比較不可能なものを捨ててしまおうとしており、絶対的に禁止されねばならないと考えます。説得力があるのはどちらか、皆さんも考えてみてください。

論点四　薬による感情のコントロールは悪しき支配欲に基づくか

最後に見ておきたいのは、支配欲を巡るものです。第一章から繰り返し登場しているように、エンハンスメントは、現状に満足することを知らず、あらゆるものを思い通りにしようという傲慢《ごうまん》な欲望に根ざしているのだ、という指摘があります。果たしてそれは正しいでしょうか。

反対派⑥　エンハンスメントは悪しき支配モデルに基づく

サンデルは次のように言ってエンハンスメントを批判していた。エンハンスメント技術は自由という言葉をたてに、あらゆるものを支配の対象にしようとするが、それは我々の生が贈り物であるということを否定し、謙虚さを失わせる。そしてこの謙虚さの喪失は、不完全なもの・招かれざるものへの寛大さを失わせ、自分たちの意志だけを重視する立場へと人を堕落させるものである。不完全な自分でもいいと思えることこそ大事であり、またそれが周囲の同じように不完全な人々への優しさにつながっていく。

肯定派⑥　エンハンスメントは合理的自己操作モデルを採用しているに過ぎない

ブキャナンはサンデルの議論に対して次のように反論している。エンハンスメントとしての性格の改変は「合理的自己操作」である。すなわち、自分のことについて合理的な観点からよく考えて、自分で自分を操作しているに過ぎず、あらゆるものの無制限の支配を目論《もくろ》むものではない。性格の適切なエンハンスメントとは、それ自体としては不完全で悪い方に向かいやすい自己を、合理性の観点から自ら拘束し、利益と不利益のバランスをとって、より有徳な性格、より多くの利益を生むような性格へと改変することである。

謙虚さにまつわる批判は、機械化の章でも取り上げました。ブキャナンはこれに合理的自己操作というモデルによって反論します。自分のことについて合理的によく考え、できる範囲で操作しようとしているだけだ、というわけです。ここで言う「合理的」とは、客観的な視点をとって事実を確認し、あらゆる理由をきちんと冷静に考え、自分にとって最善の結果となりそうなものを選ぶという意味です。

合理的自己操作モデルは一見してもっともらしいものです。このような仕方で自分を変えていくことまで支配欲に駆られている、傲慢だと言われると、私たちはもはや現在の自分のままずっと生きていくしかなくなってしまいます。しかしながら、このモデルにもいくつか問題が残っています。最後に、二つだけ見ておきたいと思います。

第一に、合理性の観点というのは具体的にはいったいどんな観点なのでしょうか。どこまでいっても不合理で不完全なのが私たちなのですから、それを離れた観点からの操作は、もはや自己操作とは言えないのではないでしょうか。たとえば、中学生と教師では一般に教師の方が合理的に思考ができると思われますが、それゆえにその中学生が教師の観点に立って自分の進路を決めた場合、その決定は自分のことを自分で決めたとは言えないように見えます。不完全でも、自分なりの考えで決めることこそ、どこかで用意された正解（のようなもの）を選ぶことよりも重要なのではないでしょうか。

第二に、エンハンスメントによって急激に性格が変わってしまった場合、もはや処置後の人物は自分とは言えないように見えます。筋肉や外見の増強は同じ自己に新しい性質を付け加えますが、性格のエンハンスメントで得られるのは別の自己だからです。自己決定と言えるのは、エンハンスメントによって自己が消滅するその時点までであって、その後の時点で得られる別の自己のあり方を今の時点で決定するのは、もはや自己決定でも自己操作でもないように見えます。

これらの反論は、合理的自己操作モデルにおいて、操作するものと操作されるものに注目しています。第Ⅰ部の身体のエンハンスメントは、基本的には、心が操作するものの側で、身体が操作されるものの側という形になっていました。では、心が操作されるものの側になる場合、操作するものはいったい何なのでしょうか。

ここにエンハンスメント反対派は二つのものを読み取ります。一つは「合理的観点に立った私」が「不合理な私」を操作するという形であり、もう一つは「現在の私」が「未来の私」を操作するという形です。このそれぞれに反対派は懸念を示します。第一に、合理的な観点という名前はもっともらしいですが、そんな観点に私たちは立てるのでしょうか。私たちはいろいろなしがらみや偏見に囚われており、そこから離れたところ、すべてを理解した完璧な観点から決定することなど決してできません。ですから反対派は「こうするのが合理的だから」という仕方で自分を変えてしまうことについて慎重な態度を取ることを求めます。

第二に、「現在の私」と「未来の私」があまりにも違う場合、心的なつながりが失われてしまうので、もはや自分ではなくなってしまう可能性があります。強力な介入は自己を変えるのではなく、自己を消滅させてしまうのではないか、というわけです。[71]

4　感情・性格の変化についてのまとめと四つの論点

本章では、前章に引き続いて、あるいはより明確に、人の心的なものへの介入について見てきました。多くの人は否定的な印象を持ったかもしれませんが、私たちは日常的に、漫画、音楽や映画などの鑑賞、散歩やお喋り、美味《おい》しいものを食べるなどの間接的行動、煙草やアルコールの摂取、など直接的な行動で自分の心的状態をコントロールしようとしていることは忘れてはなりません。それらが許容されるのに、エンハンスメントとしての介入が許容されないのはなぜか、ということについてはよくよく考えてみる必要があります。そうした比較は私たちがエンハンスメントに対してもっている本当の気持ちを取り出す助けになるからです。

今回の主な論点は、真正さ、適切さ、豊かさ、支配、の四つでした。とはいえ、実は、これらは身体的な部分にも応用可能な論点ですので、第Ⅰ部の三つのテーマについてもこの四つの観点から見るとどうなるか、考えてみるとよいと思います。また、これもずっと述べてきたことになりますが、今回の問題も、個人の選択として考えるのと同時に、社会のデザインの問題としても考えてみてほしいと思います。人々が薬物によって自分の心に介入している社会、特に、介入するように有形無形のプレッシャーを受けて、介入しているような社会は理想的な社会と言えるでしょうか。そうだと言えないなら、代わりにどんな社会を目指すべきでしょうか。そうだと言えるなら、そうした社会の実現を阻む障壁は何でしょうか。

第六章　性を一致させる――性別移行をめぐる倫理を考える

第四章、第五章では、知性や認知能力、感情や性格といった心的側面についてのエンハンスメントを取り上げてきました。今回は、第Ⅱ部のまとめとして、心的側面と身体的側面の交差する場面としての、性についての介入について検討します。

今回は心に強制的に介入することが持つ意味、身体に介入することの意味、そして、そうした介入を必要とすることへの理解、そして介入にまつわる社会の在り方が議論の主題になります。自己満足、自己責任でしたい人がすればいいだけでは済まない、社会全体が考えていかなければならないような問題がここにはたくさんあります。これまでの議論において、さまざまな介入を個人の問題として捉えてきた人は、ぜひその点についてよく考えてみてください。

1　性とは何か

一言に性といっても、さまざまな側面があります。[72] まずはそれらを丁寧に整理して理解する必要があります。特に、以下の①から④はしばしば混同されますが、それぞれ異なる概念であることには注意しなければなりません。

①身体の性：性染色体、外性器・内性器の形状などから分類されます。近年では、インターセックスや体の性のさまざまな発達（Differences of Sex Development：DSDs）についての研究の進展により、男性と女性で明確に二分するよりも、グラデーションであると理解する方が適切であると考えられており、単純にY染色体を持つかどうかによって決まるものとは考えられていません。

また、従来は社会的に作られた区別としてのジェンダーと対比する形で、生物学的性別ともされていましたが、どんな解剖学的特徴をどの性と見なすかも文化、社会によって違っていることから、単純に生物学的区別であって社会的なものではない、とも言い切れません。そのため生物学的区別もまた、社会的に構築されたものであると考える人もいます。したがって、厳密には「出生時に割り当てられた性別」と考えておいたほうがよいでしょう。

②性自認（ジェンダーアイデンティティ）：さまざまな議論がある難しい概念ですが、基本的

には、自分で自分をどんな性と理解しているかを指します。①の割り当てられた性と一致しているとは限りませんし、男女のどちらかとも限りません。男女両方という場合もあれば、どちらでもないという場合もあります。

また、性自認はジェンダー役割（性役割）、ジェンダー規範（性規範）としばしば関連付けられますが、両者は異なる概念です。ジェンダー役割とは、男性、女性にそれぞれ典型的に割り振られる役割であり、ジェンダー規範とは、男性ならばこう行動すべき、女性ならばこう行動すべきといった性別ごとに従うべきものとして割り振られた規範を指します。たとえば、しばしばジェンダー役割の一つとみなされるいわゆる「ケア役割」は現代社会では性自認が女性の人に割り振られ、内面化するケースが多いですが、性自認が男性の人が内面化することもあります。

③性的指向：恋愛感情を抱く対象の性を指します。これも①、②とは必ずしも結びついていません。男性の性自認で男性に恋愛感情を抱く人もいれば、女性の性自認で女性に恋愛感情を抱く人もいますし、男性・女性両方に恋愛感情を抱く人もいます。誰にも恋愛感情を抱かない人もいます（Asexuality：アセクシャル、Aセクシュアルと呼びます）。また、何に性的に

興奮するかという性的嗜好《しこう》とは異なります（発音は一緒なので、漢字の違いで覚えてください）。

④性表現：見た目や言動に表れる、表している性のことを指します。ファッションや、言葉遣いなどが代表的なものです。これもまた、①〜③とは必ずしも関係がありません。男性の性表現をしている人の性自認が男性とは限りませんし、女性の性表現をしている人の性自認が女性とも限りません。また、常にどちらか一方の性表現だけをする、というわけでもありません。

以上のように、①〜④はそれぞれ違うものを指しており、独立しています。混同しないように注意が必要です。また近年、話題にされることの多いLGBTは以下のものを指します。

・Lesbian（レズビアン）「②性自認」および「③性的指向」が女性の人
・Gay（ゲイ）「②性自認」および「③性的指向」が男性の人
・Bisexual（バイセクシュアル）「③性的指向」が女性・男性両方の人

この三者は、いずれも①とは関係がありません。割り当てられた性が男性で、女性の性自認を持ち、女性に恋愛感情を抱くレズビアンもいれば、割り当てられた性が女性で、男性の性自認を持ち、男性に恋愛感情を抱くゲイもいます。

・Transgender（トランスジェンダー）　割り当てられた性（の特に二分法）と異なる性別を生きようとする人を指します。割り当てられた性が女性で性自認が男性の人をトランスジェンダー男性（トランス男性）、割り当てられた性が男性で性自認が女性の人をトランスジェンダー女性（トランス女性）と言います。割り当てられた性と性自認が一致していて、割り当てられた性通りに生きている人はシスジェンダー（シス男性、シス女性）と呼びます。

どちらの性別にも積極的になろうとしていない人（自分の男性的特徴に拒否感があるだけで女性になりたいわけではない、など）、性別によって判断されることそのものを拒否する人（Xジェンダー）、まだよくわからないという人もいます（Questioning、これは③性的指向が不明な人も含みます）。

性別違和について

次に押さえておきたいのは性別違和（Gender Dysphoria）という概念です。これは長らく性同一性障害（Gender Identity Disorder : GID）と呼ばれてきましたが、二〇一八年の国際疾病分類の改訂決定を経て、医学界はこれを障害ではないとする方向に進んでいます。日本では性同一性障害という名前の方がよく知られており、そのように呼ばれることも多くなっています。性同一性障害は、日本では、医療上は次のように理解されます。

医療概念としての性同一性障害：①反対の性に対する強く持続的な同一感がある。②自分の性に対する持続的な不快感、またはその性の役割についての不適切感がある。③その障害は、身体的に半陰陽を伴ったものではない。④臨床的に著しい苦痛、または社会的、職業的、または他の重要な領域における機能の障害を引き起こしている。

なお、性別を割り当てられること自体に違和感をもつXジェンダーの人は「反対の性に対する強く持続的な同一感」をもたず、「著しい苦痛」という要件についても、そうとは限りません。そうしたこともあって、より包括的な言葉として性別違和という言葉が使われるようになってきています。以下でも、割り当てられた性別に違和感を持っていること全般を指して、性別違和としていきます。

2 性の変更を巡る歴史

以上を踏まえて、性の変更を巡る歴史について見ていきます。一九二〇−三〇年代 ドイツで最初の性別適合手術が報告されますが、日本では一九六九年にいわゆる「ブルーボーイ事件」が起き、性別適合手術に対する社会的関心が集まりました。これは、身体の性を変更する手術を行った医師が、生殖を不能にしたという罪で起訴されたものです。最終的に、インフォームドコンセントの不備などを理由に、医師は有罪となりました。以降、同じように有罪とされることを怖れて、日本での性別適合手術は下火になり、一部の医師が個人的にひっそりと施術を行うという状況が長く続くことになります。

それから三〇年が経った一九九七年、日本精神神経学会・性同一性障害に関する特別委員会が「性同一性障害の診断と治療のガイドライン」を公表します。ここで性別適合手術は医療行為として明確に位置づけられることになりました。そして翌一九九八年には埼玉医科大学で性同一性障害の治療として、手術が行われました。さらに二〇〇二年には、それまで性転換手術と呼ばれていた施術について、「性別適合手術」が正式な名称として定められました。二〇一八年には性別適合手術が保険適用とされています。

また、二〇〇三年には「性同一性障害者の性別の取扱いの特例に関する法律」（以下、特例法）が制定されました。これまでは一度、戸籍に記載された性を性同一性障害を理由に変更することはできませんでしたが、特例法が制定されたことで、一定の条件の下で、戸籍の変更が可能になりました。ただし、この条件が適切なものと言えるかどうかが、大きく議論を呼んでいます。この点は後で取り上げます。

二〇一三年、米国精神医学会が作成している『精神疾患の診断・統計マニュアル（DSM）』において、性同一性障害は性別違和に診断名が変更されました。二〇一九年にはWHOが、日本も含めて多くの国が病気や健康状態の分類、統計等に使っている国際疾病分類（ICD）において、性同一性障害を性別不合（Gender Incongruence）という名称に改定した上で、精神疾患の分野から外し、「性の健康に関する状態」という分野の中に位置づけ直すことを決定しました（二〇二二年から実行されます）。WHOで「国際疾病分類」を担当しているロバート・ヤコブは「性同一性障害は精神的な病気でも身体的な病気でもないとわれわれが考えるようになることは、社会にとって強いサインになるだろう」と述べています。[73]

性別違和にも美容整形と類似した流れがあります。すなわち、最初は不道徳なものとされ、次に病気として治療対象とされました。そして徐々に病気ではなく、当人のアイデンティティの問題と理解されるようになっていきました。もしも美容整形と同じ流れをたどるのなら、今後は、脱アイデンティティ化が進み、日常の一部となっていくのかもしれません[74]。

ただし、よくわかっていない他人が「なんてことないことでしょ」と言うのは、当人の想いを無視した決めつけになってしまいます。「なんてことない」と思って生きるには、現在の社会はまだまだハードルが高く、その中でなんとかして生きてくるしかなかった当人の苦悩をちっぽけなものとして扱うことになることがあるからです。美容整形の場合同様、すべての人が苦悩の軌跡を抱えているという決めつけは現実に即していませんが、同時に、深く苦悩している人もいるということも忘れてはなりません。

また他人が勝手に当人の同意を得ずに性に関する情報を暴露するのは「アウティング」と呼ばれ、たとえ善意からであろうとも、基本的にはプライバシーの暴力的な侵害となるので許されません。もちろん、将来的に差別などがまったくなくなり、性の情報が本当に「なんてことない」ものになったならば、それも問題ではなくなるかもしれませんが、まだそのような社会にはなっていないからです。

3　性別を変更するとは

性別違和とは主に、性自認と割り当てられた性のズレに違和がある状態です。この違和を解消するには、理屈の上では大きく分けて、性自認を割り当てられた性に合わせる方法と、身体の性を性自認に合わせる方法があります。これまでの章で見てきたような、心的な側面に介入する方法と、身体的な側面に介入する方法の両方があるわけです。その他にも違和とともに生きる在り方はあるのですが、まずは以下、それぞれについて見ていきます。

性自認を割り当てられた性に合わせる

性的指向を同性愛から異性愛に「矯正」したり、性自認を出生時に割り当てられた性別に合わせたりするやり方はコンバージョンセラピー、矯正治療、転向療法などと呼ばれています。歴史的には同性愛者やトランスジェンダーの人を「治療する」と称して、対話療法、嫌悪療法、電気ショック、ロボトミー手術などが試みられてきました。しかしながら、こうしたやり方は極めて問題の多いものであることが分かっています。その理由は三点あります。[75]

第一に、性自認や性的指向の変更は医学的に非常に困難であるということです。もしかすると、身体への介入、すなわち外科的手術やホルモン療法などをともなう性的特徴の変更は大きな負担をともなうだろうから、カウンセリングのようなもので変えられるのなら、性自認を変える方が楽なのでは、と思う人もいるかもしれません。しかし、実際はそうではありません。性自認はしばしば私たちのアイデンティティの感覚の中でもかなり深いところに含まれており、それを変えることは極めて強い自己否定をともないかねません。そのため、決して負担の軽いものでもなければ、簡単にできるようなことでもありません。実際、前述したような処置はほとんど効果を上げることはないという指摘があり、「療法」の名に値しないとも言われています。

第二に、転向療法は一般に本人の意志に強く反するものであり、治療の導入、継続が困難である、ということがあります。治療は基本的に患者の意志に基づくものでなければならず、そうでないような強制的な施術は暴行、傷害でしかありません。

第三に、他人が誰かのアイデンティティの感覚を否定し、その変更を促すことは、正当化しがたいものであるということです。性別も含めて自分が何ものであるかという理解は、私たちにとってとても重要なものです。それを変更するということは、自分自身を消し去ってしまうことに近い苦悩をもたらします。

アメリカでは二〇一四年に、両親によって転向療法を強要されたリーラ・アルコーンさんという一七歳のトランスジェンダー女性が自ら命を絶つという痛ましい事件がありました。彼女の死はインターネットを通じて世界的に広まり、当時のオバマ大統領もそれを受けて転向療法の禁止を訴えました。そしていくつかの州では、実際に転向療法が禁止されることになりました。ドイツでは二〇二〇年、一八歳未満の若者に転向療法を行うことを禁止しています。

しかしながら、家庭レベル、日常レベルでは、子供が性別違和を示したときに親がそれをかたくなに否定し、決して認めない、といった仕方で、性自認を変えるように迫ることはしばしば行われてしまいます（リーラさんの両親は彼女の死後も、リーラさんのことを「息子」「彼」と呼び続けています）。また、学校などでも、シスジェンダー的行動がいつでも標準とされることで、トランスジェンダーの在り様は異常なのだというメッセージを与えてしまうこともあります。そして、子どもたちもそれを内面化してしまい、自分で自分を嫌悪するという事態も起きています。

そうした事態を避けるために、最近では、シスジェンダーが当たり前、という発想を変えることが提案されています。「シスジェンダー」という言葉自体も、トランスジェンダーの人とそうでない人を対比するときに後者にノーマルとか普通の人といった言葉が使われていると、トランスジェンダーの人は普通ではない人という態度を示しかねないことから、作り出された言葉という側面を持ちます。

また、第一章でも確認したように、そもそも自然であること、普通であることはそれ自体として、道徳的価値をもつものではありません。同様に、不自然であること、普通ではないこともまた、それ自体としては道徳的価値をもちません。普通だから優れているわけでもなければ、普通ではないから劣っているというわけでもありません。したがって、性別違和の解消は、割り当てられた性別を受け入れないことが不道徳だからという理由ではなく、当人が違和によって辛《つら》い思いをしているからという理由で当人自身によって始められるのでなくてはなりませんし、その違和を当人のアイデンティティを否定するような仕方で解消すべきではないでしょう。

身体の性を性自認に合わせる

性自認を割り当てられた性に合わせるという介入は問題の多いものです。そのため、性別違和の解消には身体の性の方を性自認に合わせるという方向での介入がとられます。まっとうな心療内科などで行われる精神療法も、面接などを通じて、患者の苦悩、不安、葛藤などを取り除き、ＱＯＬの上昇を目指すものであり、性自認を書き換えるようなことは目指されません。

身体の性の変更においては、主にホルモン療法、性別適合手術が行われます。一般的には、まず、治療が可能な病院を受診することから始まります。そこでは、まずは心的側面からの援助を受けることができます。精神科医による診断（ジェンダーアイデンティティの判定）、精神的サポート（カムアウトの検討、実生活のシミュレーション等）などです。

続いて、実生活経験（Real Life Experiment）と言われる、現実に時間や期間を区切って自認する性別、自身の望む性別で生活をしてみるという実践を行います。実際に暮らしてみると考えが変わる、ということもあり得るためです。そこで問題がない場合、身体の性へのアプローチにかかります。具体的には、ホルモン療法、性器や乳房の切除、形成などです。

とはいえ、現状では、全身のすべてを完全に入れ替えることができるわけではありません。そのため、多くの性別違和をもつ人々はどのような心身の在り方が自分にとって受け入れ可能か、ということを考えながら、どの治療をどこまで受けるかを選択していくことになります。ホルモン療法を受ける人、性別適合手術に踏み切る人、さまざまな人たちがいますが、それぞれの人たちがそれぞれの抱える事情の中で選択を行っています。

社会を性自認に合わせる

性別違和との向き合い方には、性自認への介入、身体の性への介入以外にも、社会的状況への介入も可能です。性自認への介入ほどではないとしても、身体の性への介入もまた健康への負担は大きく、また体質的にそうした介入が難しい人もいます。そのため、性表現、改名、戸籍変更などの社会的な変更によって、自分が扱われる仕方を変えてもらうことで、違和と付き合おうとする場合もあります。身体の性はそのままでも、見た目や振る舞い、名前などを変えることで、自分の性自認と同じ性の人として自分を扱い、またそのように周囲の人に扱ってもらうことで、その性をもった人として生活していくのです。

見た目や振る舞いの変更を通じて、社会的な扱いの変化を期待することに関しては、いわゆる「パス」しているかどうか、ということがしばしば問題になります。パスするというのは、自分が表している見た目の側の性として、他人に見てもらえるということです。たとえば女性としてパスするということは、外見が他人に女性として見られるということを意味します。生まれ持った特徴によってはパスすることは簡単ではありません。そのため、結局はホルモン治療を受けたり、性別適合手術を受けたりすることになる人も多くいます。

しかし、パスしているかどうか、が強調されすぎると、人々が過度に女性らしさ、男性らしさを追求するようになる可能性が出てきてしまいます。つまり、この社会の中では女性的な見かけの男性、男性的な見かけの女性、そうした人々も当然に受け入れられるべきなのに、パスの概念が強調されると、パスしない人々は差別の対象としてよく、女性らしい女性、男性らしい男性しかこの社会では認められない、という状況が発生してしまう怖れがあります。ジェンダー／セクシャリティ研究者の吉野靫《ゆぎ》は「パスしている方が優位で偉い、あるいはパスを目指すべきだという規範は、かなり幅をきかせている」[76]とした上で、次のように述べています。

そろそろ基準をずらしてもよい。生まれながらの「女性」「男性」に身体を近似させ、そう扱われるように演出することは、本当は誰の願いなのか。あるべきはずだと思い描いている体は誰の体なのか。できないものはできない、不可能なものは不可能と、その地点であぐらをかけばよい。むしろ、そうでなければ楽になれない。そんなに真面目に、規範に加担してやる必要はない。二極を避けてどこかで降りれば、そこが着地点になる。[77]

見た目からは性が分かりにくい人から強引に性を聞き出す、という趣旨のテレビ番組が問題になった事件がありましたが、特定の基準をもって容姿から性を判定し、そこから外れた人を差別するような社会の在り方も、今後は変えていく必要があるでしょう。

では、戸籍についてはどうでしょうか。日本では二〇〇三年の法改正で、「性同一性障害」であり、かつ、いくつかの条件を揃《そろ》えている場合に、裁判所で戸籍上の性別が変更できるとされました。この法律によって、性別違和をもった人たちは、生まれたときに記載された性から、自分が自認する性へと記載を変えることが可能になりました。とはいえ、そこでの条件には批判も寄せられています。その点は次節で詳しく論じます。

4 性別の変更をめぐる諸論点

さて、以下では個別の議論に入っていきますが、本章では性を変更するという個人の選択の是非については主たる論点にしません。それよりも、そうした人を取り巻く社会の在り方の方を取り上げていきたいと思います。それは一つには、性に違和をもつことは、個人の自由な選択ではないからです。そうした人たちの多くは自ら自由に選んで別の性になりたがっているわけではありません。男性になろうか、女性になろうか、自分はこっちがいいな、こっちの方が楽しそうだな、などという仕方で考えているわけではないのです。自分は男性である、なのに身体的特徴がそうなっていない、とにかくその違和を何とかしたいという状況なのです。

もちろん、その上で手術を受けるかどうか、といったことは個人の選択です。とはいえ、それはしばしばやむにやまれぬものであり、生きていくための切実な選択です。それを選ばなければ生きていくことが難しくなるような選択は、自己責任を問われるような自由な選択とは言えません[78]（後で述べますが、トランスジェンダーの人たちで自殺を考えたことのある人の割合はシスジェンダーの人たちよりずっと高いのです）。そのため、そうした選択それ自体を焦点にするのではなく、そうした選択の周囲にある社会のことを、ここでは論点としていきたいということです。

歴史的に見て、多くのシスジェンダーの人たちが性別について悩むことなく暮らしている中で、トランスジェンダーの人たちは、ときに差別や自己嫌悪に苦しみながら、人間の心身に手を入れるということに、他の誰にも増して深刻に向き合ってきました。本章を通じて、シスジェンダーの人たちはまずそうした歴史的経緯を知ってほしいと思います。そして、トランスジェンダーの人たちには自分と同じように悩んできた人、ともに解決策を考えてきた人たちがいるということを知ってもらえればと思います。

その意味では本章は他の章とは論じ方がかなり異なっています。これまでのように肯定派と反対派の意見を比較するのではなく、そうした現状の中から私たちは何ができるか、社会はどう変わるべきか、ということを考えるという形で進めていきたいと思います。

論点一　「真のトランスジェンダー」が言わんとするものは何か

トランスジェンダーと言っても、それはあくまで一つのラベルであり、そこには多様な人々が含まれており、それぞれに考えていることも違っています。しかしながら、近年はある種の先入観などから、トランスジェンダーの人は皆こういう人たち、というステレオタイプが生じてきているように思います。ここではその点について見ていきましょう。

性別適合手術の正規医療化がもたらしたもの

最初に取り上げたいのは、「病気」にかかわることです。日本では性同一性障害という言葉が比較的早い段階で広まりました。そのため、性別違和をもつ人、ひいては性別適合手術を受けていないトランスジェンダーの人たちを病人として扱う傾向がシスジェンダーの人たちの間にはあります。

しかし、トランスジェンダーの人々の中には、確かに自分の違和を病気と捉えて早く治療しようとする人たちがいる一方で、必ずしも自分たちが病人であるとは考えていない人たちもおり、そうした人たちをも一律に病人扱いすることは、彼らの考えを無視したレッテルを貼ることになることがあります。

実際、「病人」というのは社会学でしばしば言及される社会的スティグマ（烙印《らくいん》）の代表的なもののひとつです。古くは罪人に対する焼き印や入れ墨という形で行われてきたように、スティグマは、しばしば、あなたは私たちとは違う存在ですよ、というメッセージとして働きます。そしてそれは容易に差別的な扱いとも結びついてしまいます。

このように、性別違和を正規の医療の対象としたことは、性別違和をもった人が実際に医療費の補助を受けながら安全に病院にかかることにつながるため、良い側面をたくさん持ちます。しかし、同時に、性別に違和があることをどのようなものとして理解するか、ということはそれ自体が大きな問題であることには気をつける必要があります。

戸籍の性別変更可がもたらしたもの

次に考えたいのは戸籍の問題です。戸籍のような公的書類上の性と性自認、それにともなう性表現がずれていると、進学、就職、不動産契約、結婚、パートナーの病院での付き添いなどのさまざまな場面において差別的な扱いを受けることがあります。

パスポートの性別表記と、見た目の性が異なっているために、空港の入国審査で止められるなどの話もよく聞かれます。そうした公的な性の基礎となっているのが戸籍です。日本の戸籍では性別は生まれたときの性的特徴によって決まりますが、二〇〇三年の法改正で、次の条件を満たせば変更が可能になりました。

（1）二〇歳以上である（二〇二二年から一八歳以上に）
（2）現在結婚していない
（3）未成年の子どもがいない
（4）生殖腺がない、または永続的にその機能を欠く
（5）身体の性器にかかわる部分が他方の性に近似する概観を備えている

しかし、この五条件にはさまざまな批判があります。一つずつ見ていきましょう。

第一に、（1）「二〇歳以上である」についてです。こうした重大な決定は、慎重に考えられる成人になってから、ということで設けられた規定です。しかしながら、性別違和に悩まされるのは必ずしも大人になってからというわけではありません。性ごとの特徴が明確になってくる思春期から人によっては性別違和の問題は生じてきます。とはいえ、年齢制限を一切しなくて良いかと言われるとそれもまた極端かもしれません。年齢制限はいったいどのあたりに設けるべきでしょうか。

第二に、（2）「現在結婚していない」、（3）「未成年の子どもがいない」という条件があることの根拠は「家族が混乱する」であるとされています。確かに、家族の一人の性が変更となると、残りの家族にも大きな影響があることは疑いありません。しかし、一時的には混乱するとしても、修復できないとは限りません。あるいは混乱をしないで済むように社会の側で教育や啓蒙を行うという努力を一切せずに、混乱が生じるからこの条件を守れ、というのは少し乱暴ではないかという意見があります。

そもそも男性と女性が一人ずつ、そこに子どもがいる、という家族のモデルは絶対的に守らなければならない唯一の価値ある家族形態というわけではありません。世界的には養子をもらう同性カップルも増えています。日本は同性婚を認めていないため、既婚者が性別を変更するならまず離婚する必要があるというのは制度上、仕方がないことと言えますが、同性婚の是非も含めて、家族の形についてもっと柔軟に考える余地があるかもしれません。[79]

　また、トランスジェンダーの人々の中には苦境の中であえて結婚することで生まれついた性を確認しようとする人、生まれついた性を否定すまいとして子どもを生もうとする人、世間に対して目立たないためにシスジェンダーのように暮らそうとする人たちもいます。そのように努力した人ほど、戸籍の変更が困難になるという制度はいかがなものか、という批判もあります。

　第三に、（4）「生殖腺がない、または永続的にその機能を欠く」、（5）「身体の性器にかかわる部分が他方の性に近似する概観を備えている」という条項は実質的に性別適合手術を受けている人に、戸籍変更を限定しています。しかし、手術は高額な上、術後も薬を飲み続けなければならず、合併症の危険もあります。既往症のために手術ができないこともあります。また、家族や職場のことを考え、思いとどまるケースもあります。そのため、トランスジェンダーの人々の中にも、ホルモン療法は受けてもいいが、手術までは、という人もいます。そうした人々に、戸籍を変えないなら元の性別として扱う、戸籍を変えたければ手術を受けろ、というのは酷ではないか、という批判があります。そもそも、性器の有無が戸籍に関係するような日常生活の公的な場面で問題になることはほぼないにもかかわらず、なぜ（5）は必要なのでしょうか（パスポートを使うところで裸になる必要のある場面などありません）[80]。

あるいは、（4）「生殖腺がない、または永続的にその機能を欠く」は、トランスジェンダーの人たちに子どもをもつことを諦めることを強要する条件になっているという点についても、事実上のトランスジェンダーの人たちの断種にあたるとして、批判があります。

これに対しては、あまりにも変更のハードルを下げすぎると、安易な変更申請が増え、規則が形骸化し、戸籍制度が瓦解《がかい》するのではないかという反論があります。また、（4）や（5）を満たしていない人を、性別を変更した人と認めるなら、性別の概念自体がゆらぐことになるという批判もあります（男性器をもった女性、子宮を持った男性などが認められるため）。

しかし、こうした反論は決定的と言えるでしょうか。たとえば、性別自体にこだわることに反対する人たちは性別の概念がゆらぐことにむしろ賛成するでしょう（そもそも公的書類に性別欄は不要と考える人もいます）。現行の戸籍や性別という概念を維持するにしても、安易な変更はできないようにしつつ（実際にそのような変更を望む人がどれだけいるかには疑問がありますが）、深刻に悩んでいる人には手術を受けずとも変更が可能という道を探っていく方がよいのではないでしょうか。実際、諸外国では手術条項なしで戸籍の表記を変更できる国が多くなっています。そうした国々では実際に安易な変更者は増えたのか、仮に増えていないとすればどのような工夫をしたのか、そもそも工夫などいらないのか、などを調べることが、一つのヒントになるかもしれません。

「真のトランスジェンダー」か、そうでないかという区別を強調する人たち

ここまで、性別適合手術の正規医療化と戸籍変更について検討し、それらには良い面と悪い面と両方があったということを述べてきました。両者に共通することは、一定の手続きを経ることによって、状況を変えることができるということです。そしてこのことは、「真のトランスジェンダー」という問題を生んでしまいました。

ガイドラインの制定以降、性別適合手術の正当性が認められることになりましたが、このことはこの規定をクリアして手術を受けた人、さらには戸籍を変更した人だけが「真のトランスジェンダー」で、それ以外の人は、中途半端な人や覚悟の足りない人といった序列を生じさせ、それを避けるためには手術を受けなければならない、という強迫観念を生み出すこ

とにもつながっていきました。
戸籍変更のルールも、それ自体が規範として一人歩きし、正しいトランスジェンダーとそうではないトランスジェンダーを区別するものとして機能するという問題を生んでしまいました。先に引用した吉野は、特例法は「特例法を基準とした性同一性障害の「エリート」と「落ちこぼれ」を現出させてしまった」「特例法の恩恵にあずかることのできる当事者と、そうでない当事者との間には温度差が生じ、擬似的な対立状況が生まれてしまった[81]」と述べています。
こうした区別に便乗する形で、シスジェンダーの人たちから、次のような主張を聞くことがあります。

「ほんとうに苦しんでいて性別適合手術まで求めている真のトランスジェンダーとみなせる人たち」だけをその他から区別して取り出し、そういう人々への社会のあり方だけを変更するのがよい。

この主張が正しければ、戸籍変更の特例法の五条件は、まさに真のトランスジェンダーとそうでない人を選別するものとして働くでしょう。見た目がパスしているかどうか、常にジェンダー規範に沿った行動をしているかどうかも、本当に心から努力しているかどうかのテストとみなされるようになるかもしれません。

しかしながら、このような主張は本当に正しいでしょうか。実際、こうした仕方で力の弱い側を分断する事態は、さまざまな不正義の場面で実際に生じています。たとえば、女性差別においては、男女同権を主張する女性を貶《おとし》める一方で、男性が決めたルールの中で努力し、分をわきまえた女性だけを優遇するという仕方で、女性たちは分断されます。その上で、女性も努力次第で男性と平等に扱われると主張するわけです。こうして、女性たちは努力する女性と、努力しない女性に区別され、前者だけが社会的に認められるということになり、対立させられます。前者の女性は後者の女性を甘えていると批判し、後者の女性は前者の女性を男性優位のルールを温存していると批判するように仕向けられるのです（同じ構造は黒人差別や同性愛者の差別においても見られます）。

しかし、なぜ女性だけが努力を、しかも男性が作ったルールの中で、男性に気に入られるような仕方で努力をしなければならないのでしょうか。そのような状況が本当の意味で平等と言えるでしょうか。同様に、トランスジェンダーの人たちだけが、シスジェンダーの人たちに認めてもらえるように、認められるような仕方で、努力をしなければならない、という状況は不平等だと考えざるを得ないのではないでしょうか。戸籍変更の特例法を作って終わり、というのではなく、こうした分断や対立を引き起こさないような仕組みを社会全体で作っていくこともまた必要なことでしょう。

論点二　戸籍とは別の仕方で、社会を変えていく取り組みにはどのようなものがあり得るか

では、いったいどのような仕組みで何に対処していくことが必要でしょうか。以下では、いくつかの具体例を見ていきます。

トランスフォビア

トランスジェンダーの人々に対して嫌悪感をもつ人やそれに基づく差別を行う人がいます。そうした嫌悪をトランスフォビアと呼びますが、これを私たちはどのように考えればよいでしょうか。トランスジェンダーの人々はしばしば職場や学校で不当な扱い、差別などを受けています（昇進における差別、解雇など[82]）。

こうしたトランスフォビアを、トランスジェンダーの人たちも内面化してしまい、自分が悪いから差別されるのだ、自分は差別に値するのだと自分を責めてしまうケースも多くなっています。トランスジェンダーの人々で自殺念慮を抱いたことがある人の割合は、そうでない人々よりもずっと高いと言われています。大阪市が二〇一九年に行った調査では、シスジェンダー・異性愛の人で「生きる価値がないと感じた」経験、「自殺を図った」経験があるのはそれぞれ、一七%、一・五%であるのに対し、トランスジェンダーの人では五三・一%、一五・六%に上りました[83]。

特にトランス女性の人々への社会的な風当たりは強いと言われています。トランス男性と比べてパスしにくいから、といった理由が挙げられることもありますが、彼女たちはシスジェンダーの男性からは裏切り者とみなされ、シスジェンダーの女性からは自分たちの領域を侵犯してきた「男性」とみなされる傾向にあります。

このことの背後には、いわゆる男性たちによるホモソーシャルな社会という問題もあります。現代社会において男性たちは、男性同士で絆《きずな》を結び、結束して公的な社会での優位性を保とうとします。その結束と優位性を保つために、男性たちは互いに男性性を誇示しあい、女性を蔑視し（分をわきまえた女性だけを優遇することも含まれます）、女性的な男性や男性同性愛者を攻撃します。[84]このホモソーシャルな社会からすると、トランス女性はまさに、ホモソーシャル関係から離脱し、同志の絆を破壊する存在であり、裏切りものとみなされるのです。

他方で、シス女性は男性優位の社会でしばしば苦しい経験をさせられています。そうした立場からすると、トランス女性も男性側に属する人なのではないか、簡単には信用できない、となってしまうことがあるのです。

このように考えていくと、社会全体のトランスフォビアを克服するには、そもそも男性と女性の間の差別を含む社会構造全体を変えていかなければならないということがわかってきます。それは容易なことではありません。しかし、先に示したように、トランスジェンダーの人たちが、シスジェンダーの人たちと比べてずっと高い自殺念慮を抱かざるを得ないような社会は、とても平等な社会とは言えません。

では、実際にはどのような対応をとっていくことができるでしょうか。[85]制度・整備の点で対応が議論を呼んでいる事例として以下では二つのケースを見てみたいと思います。たとえば、スポーツ大会の女性競技にトランス女性が参加することは認められるべきでしょうか。あるいは男子校、女子校へのトランスジェンダー学生の入学は認められるべきでしょうか。

いずれのケースも現在進行形でさまざまな人々がさまざまな観点から、議論を重ねています。

次節ではこの議論をいくつかのポイントに絞って考えます。まず先に、スポーツのケースを考えます。それは、公平性、アイデンティティ、区別の基準がおもな論点になるので、ここまでの各章での考察が参考にできます。それにつづいて、トランスジェンダー学生の入学や就学支援について考えます。

女性競技へのトランス女性の参加

近年、トランス女性やＤＳＤｓの女性アスリートが、女性競技で活躍することがありました。それに対し、シス女性の選手たちの中から、それは公平とは言えないという批判の声があがり、結果として、トランス女性らは大会への出場機会を失ったり、辞退を促されたりするという事態に発展しました[86]。特に、アメリカのいくつかの州では、トランス女性は高校・大学の女子競技への参加を禁止されています。では、トランス女性は男性選手に交じって男性競技に出るか、競技をやめるか、そのどちらかでなければならないのでしょうか。

国際オリンピック委員会はこの問題を深刻な問題だと考え、さまざまな基準を考え出してきました。現在の規定では、トランス女性の選手が女性競技に参加するためには、以下の条件を満たす必要があります。女性の性自認をもつと宣言すること（これは少なくとも四年は変更できない）、男性ホルモンの一種であるテストステロン量が継続して一定以下であること。二〇一五年以前は、性別適合手術を受けていることという規定がありましたが、撤廃されました。

第二章のドーピングのところでも見たように、「公平」は一般に選手に何らかの制限を課す正当な根拠になりえると考えられています。ドーピングは不公平なもので、スポーツマンシップに反するとされているから、禁止されていたのでした。しかし、一律にトランスジェンダーの人を排除すれば「公平」になるのでしょうか。それはシスジェンダーの人にとって「公平」であるに過ぎず、やはりトランスジェンダーに生まれた人にとっては「不公平」なのではないでしょうか。

そもそも、男女で競技を分けておけば「公平」ということになるのかどうかも簡単に決められることではありません。たとえば、男女別、体重別、年齢別というスポーツの区分はありますが、競技を始めてからの年月別、手足の長さ別や筋肉量別、資金量別、性染色体以外の遺伝子別などがないのはなぜでしょうか。持久力を高める遺伝子をもっている人と、それをもっていない人が区別されないのに、男性ホルモンの量が多い人とそうではない人を分けるのはなぜなのでしょうか。私たちは特定の遺伝的特徴による区別を分かりやすいから、便利だから、今までそうだったからということで採用しているに過ぎません。これを機会に私たちは本当に公平な競技とは何か、ということを真剣に考える必要があるでしょうし、テストステロンの量で判定するというのもその第一歩として、今後さらなる検討を加えていかねばならないでしょう。

なお、トランス男性の場合、大学スポーツ以上のレベルでの出場自体の禁止規定はトランス女性よりも緩やかであることが多いですが、細かな規定のない高校までのスポーツなどでは競技会への出場が拒否されるケース、あるいは部活動への所属が拒否されるケースもあります。そうすると彼らもまた、自分の性自認に反して女性競技に出るか、スポーツをやめるか、という二択から選ばざるを得ないことになってしまいます。またホルモン療法をはじめている場合、それがドーピングにあたるかどうか、ということも問題視されてしまうことがあります。

高校くらいまでのスポーツはレクリエーションの側面も強く、そこでの活動は必ずしもプロスポーツなどとは直結していません。トランスジェンダーの人たちも含めて、どんな人であってもスポーツ全般を楽しむことから排除されることのないよう、小・中・高のスポーツ界も対応が求められていると言えるでしょう。[87]

女子校へのトランスジェンダー学生の入学

次に、学校への入学について見てみましょう。大学で言うと、日本では、お茶の水女子大学、奈良女子大、宮城学院女子大学、日本女子大学などがトランス女性の受け入れを表明している他、検討中をあわせると四〇校近くの大学が受け入れにある程度前向きになってきています。[88]

お茶の水女子大学の室伏きみ子学長はトランス女性の受け入れを決めたことについて、「本学ではずっと昔から、学生も教職員も、人種・年齢・性別・国籍で人を差別することは恥ずかしいことであると学ぶ機会があり、この流れはとても自然なものでした」と述べています。[89]

では、具体的にはどのような対応を行ったのでしょうか。まず、学生や教職員向けに何度か説明会を行いました。続いて、「多目的トイレ」を増設、さらに個室の更衣室も作りました。制度面でも、通称名の使用を可能にする、体育などの授業で配慮を行うようにしている他、個別での健康診断なども認めています。

その際、設備投資については「トランス（ジェンダー）女性でなくても、周囲の目がある所で着替えるのは嫌だと感じる学生はいる。全ての学生にとってより過ごしやすいキャンパスにしたい」と副学長の三浦徹は述べています。[90]実際、トランス女性を受け入れたとしても、腫れ物のようにして特別扱いしていたのでは、意味がありません。室伏学長は次のようにも述べています。「お茶の水女子大学には、障がいを持った学生や教職員ももちろんいますが、そういった人たちは特別な存在ではありません。手助けが必要な場合は手助けすることは当然ですが、普通に学内で生活をしています。その人たちが自分自身を特別だと思わない、思わずに済む環境作りをしようと常に心がけています[91]」。あなたたちは（良かれ悪しかれ）特別だから配慮する、というのではなく、誰でもどんな人でも手助けが必要なときは助けてもらえる。こうしたメッセージを強く打ち出しながら、制度作りをする。それは、トランスフォビアに立ち向かう上では、重要なことの一つではないでしょうか。

最後に、トランスフォビアと施設のことを考える際に、しばしば取り上げられる問題として、公衆トイレと公衆浴場というものがあります。主にシス女性たちから、女性向けのトイレや浴場にトランス女性が入ってくることに抵抗がある、という形で提起される問題です。先にも述べたように、シス女性の中には、男性によってさまざまな形で苦しめられている人が少なくなく、そうした人が浴場などで安心できなくなる、ということです。

もちろん、シス女性たちが不安を抱くことなくそうした公共施設を使えるようにするということは極めて重要です。とはいえ、そのような不安を抱くことがあるのは、トランス女性も同じです。トランス女性の中には、シス女性と同じように、シス男性からの性的な被害に遭っている人がいます。さらに戸籍の記載や適合手術の有無がどうであれ、多くのトランスジェンダーの人たちは、日々、差別と疑いの目にさらされる中で、シスジェンダーの人々に対して「自分は無害である、犯罪者ではない」と常に訴えさせられ、自分から人目につかないトイレを探したり、浴場に入るのを諦めたりしています。それを踏まえるなら、ことさらにトランスジェンダーの人たちを犯罪者予備軍であると煽《あお》ることや、そのためにこの論点を持ち出すことよりも、各女子大が実際にさまざまな工夫をこらしているように、個別的に可能な限りで対応を考えていくということが重要なのではないでしょうか。[92]

たとえば、フェミニズムの研究者である清水晶子は次のように述べています。「なぜ今、トランス女性のトイレ利用と結びつけて性犯罪の危険がクローズアップされるのか……それぞれの性別移行の過程や、利用者の性別を問わない『誰でもトイレ』が近くにあるかどうかなど、いろんな状況の中で自分にとって一番安全な方法をみんな探している。女子トイレで起こる性犯罪の多くはシスジェンダーの男性の問題。性犯罪を怖れるのはもちろんだが、トイレの場所や構造を見直すなど、やるべきことはいっぱいある」[93]。

論点三　性別適合手術の実施は、性別へのステレオタイプを強化するか

ここまでは、トランスジェンダーや性別違和をもつ当事者ではなく、その周囲にフォーカスした論点を取り上げてきましたが、最後に当人にかかわる論点を考えてみたいと思います。それは性役割や性規範にかかわることです。

性の変更を行おうとする人は、別の性が未経験のため、あちらはきっとこうだろう、という想像によってステレオタイプなイメージをもってしまうことがあります。そのため性の移行後、過度の「男らしさ」「女らしさ」を求めてしまうことがあると言われることがあります。しかし、それは結局、性についての多様な在り方を認めることとは逆行することにつながるのではないか、という懸念を示す人がいます。作家でトランス女性のワルトラウト・シッフェルスは、「性役割を変えたい人は希望する性の役割について、生得の性役割の側からしか知りようがない。その人たちは憧れる性について「内側から」知ることはできない。希望する性の役割を誇張してしまう」と述べています[94]。

実際のところ、「男（女）になりたいではなく、女（男）ではない身体になりたい」という発想のXジェンダー寄りの人からすると、こうした二分法の強化は特に避けていきたいものとなります。そうした視点からライターの田中玲は次のように述べています。

> 男はこうあるべき、女はこうあるべき、などというくだらない区分が性別越境者であるトランスジェンダーを苦しめてきた。その点を知らずか、勘違いして、女であった経験を「ないもの」にするために過剰に「男らしい」単純なマッチョになってしまう人もいる。その方が社会に受け容れられやすいという利点は確かにあるだろう。しかし、女性を見下し、服従させて面白がる人の気持ちは私にはわからない。[95]

田中が指摘しているのは、これまで女性として男性に苦しめられてきてその辛《つら》さが分かっているはずの人が、男性になるや、女性を苦しめる振る舞いをしてしまうことの危険性です。

この問題は、トランスジェンダーの人に対して、性役割やジェンダー規範を強調することをやめよ、と言えば済むというものでもありません。たとえば、哲学者の西條玲奈は、トランスジェンダーの人はシスジェンダーの人よりもジェンダー役割やジェンダー規範に逆らうことが難しいことを指摘しています。[96]

まず前提として、トランス女性はシス女性よりも、他人から女性とみなされるための印（ジェンダーマーカー）が安定していないとした上で、彼女は「女性は脚の体毛を剃《そ》るべきだ」という事例を挙げます。シス女性が体毛を剃ることを拒否することによってこのジェンダー規範に反対することと比べて、トランス女性がそうすることはよりリスクを伴うものになります。というのは、その脚を見たときに周囲の人は、シス女性に対しては「（女なのに）女らしくない」という批判を向けるかもしれませんが、トランス女性に対しては「やはりあなたは女性ではない」という批判を向けてくるかもしれないからです。そしてそのような批判は彼女のジェンダーアイデンティティを否認し、自尊心をくじくことにつながり得ます。

そのため、「不利益を免れるための必要な手段」として、トランスジェンダーの人はシスジェンダーの人よりも、強くジェンダーを意識させるような印を身に付け、そう振る舞わざるを得ないという側面を見落としてはならない、と西條は述べています。別の角度から言えば、トランス女性がそのように振る舞わざるを得ない状況に社会が追い込んでいるということも忘れてはならないのです。

では結局のところ、こうした性別の二項対立の再生産を避けるためにはどうしたらよいでしょうか。先に引用したシッフェルスの言葉は示唆に富むものです。

女性は「受け取る性」でありどちらかといえば受け身的であり服従的でさえあるという男性サイドの思い込みを持って、私は女性となるプロセスへ足を踏み入れた。……さまざまの体験とともに、女性の衣服やアクセサリーをつけ化粧をするフェティシズム的な傾向がすっかり消えた。……ファッションメーカーの言うままに女性は「こう装うべきだ」と考えそれに追従しファッションに踊らされる誘惑もさらりと消え、今では自分の個性であり強調したらよいと思われるところ、たとえば目を強調するようになった。……女であること、女のように振る舞うことが私の自然体になった。そのかわり当初格別魅力的だったことがそれほどでもなくなった。朝起きて化粧をすることは心がうずく喜びではなくなり、日常茶飯事のひとつになった。むしろ時間をとられるのでわずらわしいとさえ感じるようになり、その必要が無いときは化粧をせずにすませることもある。[97]

シッフェルスはハイヒールを履き、アクセサリーを身に付け、化粧をして、男性に対して服従的なのが女性の役割だという考えをもって、性別適合手術を受けました。しかし、手術からしばらくして、そのような役割に対する意識は単なる思い込みだったと思うようになります。そして、女性である自分がしたいようにする、ただそれだけでいいのだと考えるようになります。それはゆっくりと時間をかけた生活の中で、彼女が特別なマーカーに頼らなくてもよくなった、ということなのかもしれません。

したがって、ここでの一つの答えは、人の変化は時間がかかることであり、長い目で見る必要があるということ、そして、男性、女性というイメージによる大ざっぱなカテゴリーではなく、その人その人という個人の単位で自分や他人を捉えていくということの重要性にあります。私たちのアイデンティティの深いところにしばしば性は含まれていますが、それでもそれはアイデンティティの一部であって、その全てではありません。同時に、一部である以上、特別に意識せずとも日常の振る舞いの中にそれは表れてきます。もちろん、性を決めないということをアイデンティティにもつ人もいるでしょう。そうした人にとっては、まさにそれが表れないということが日常になります。

いずれにしても、性にかかわることも含めてさまざまな事柄から私たちのアイデンティティは成り立っています。そうした重層的で複雑なアイデンティティをもった個人として、私たちは自分のこと、互いのことをじっくりと時間をかけて捉えていく必要があります。十分な時間をかけるまでは分からないと認める、そして分からないから避ける、攻撃するのではなく、分からないからこそ尊重する、その方が決めつけを行うよりもいいのだと思います。[98] そうすることで、「男性／女性なんだからこうしなければならない」といったジェンダー役割に過剰に囚われることを、すなわち他人や自分に押しつけることを、社会全体で脱していく必要があるでしょう。

5　性別の移行についてのまとめとその人自身を見ようとすること

性の問題はとてもデリケートで難しいものです。性にはさまざまな側面があることを正確に理解しなければ、話を始めることすらできません。歴史の節で見たように、性別への違和は、かつては不道徳で強制的な矯正の対象と見なされることもありましたが、治療の対象を経て、現在ではアイデンティティの問題と理解されることへと向かいつつあり、今後はそこからも離れていく可能性が示唆されています。

性別適合手術を受けた人、受けていない人、それ以外の人、誰もが幸福に生きていけるための社会はどのようにしたら作ることができるでしょうか。「誰もが幸福に」である以上、一部の人を単純に排除したり、重みを押しつけたままにしたりするような方策は支持できません。何度か引用している吉野は「性別の「移行期」だと示すことのできるひとが、往来を「普通」に歩くことに筆者は価値を感じている。便宜的に「移行期」という言葉を使ったが、一般的な認識では「途中」の身体のまま生きたいひともいるし、「完全な移行」、つまり何らかの性に埋没することを望んでいても、そう扱われないひともいる」[99]と述べています。

自分であれ他人であれ、人をカテゴリーやタイプで見ることには多くの危うさが伴います。男性、女性の二項対立はもちろんのこと、LGBTというカテゴリーで見ること、トランス男性、トランス女性などといったカテゴリーで見ることであっても、重要なことの捨象と何らかの決めつけが含まれます。人間とはそんなに単純なものではありませんし、そうした諸側面が当人のアイデンティティにとってどのくらい大きなものであるかも人それぞれです。性別も含めて、私たちは自分や他人のことをよく分かっていないこと、分からない部分がたくさんあるということを認め、分からないがゆえに尊重し、時間をかけてその人そのものを見ようとする、ということを忘れないようにしなければならないでしょう。

そしてこのことは、性の問題だけでなく、あらゆる心身の介入についても言えることです。美容整形を受けた人と受けていない人、認知能力を高めた人と高めていない人、いずれも人をカテゴリーで見て、両者の間に線を引いてしまうことで、前者は後者を劣ったものとみなし、後者は前者を不自然な人工物とみなす、という形に分断するのではなく、たとえ困難で時間のかかることであろうとも、それぞれの個人とその物語を見ようとすることが、心身に介入する技術がますます発展していく中で、何よりも重要なこととなってくるでしょう。

第Ⅲ部

「人間」をつくりかえる？

第七章　遺伝子を操作する――遺伝子操作の倫理を考える

第Ⅰ部は身体（美容整形、ドーピング、機械化）、第Ⅱ部は心（認知能力、感情、性別）を中心に、さまざまな人体への介入について見てきました。この章と次の章ではこれまでの総まとめと将来への展望ということで、人類全体の未来にかかわる問題を取り上げていきます。中でも、本章で扱うのは遺伝子操作です。まずは、次の問題について考えてみましょう。

Q：あなたは政府の重要な役職を担っており、これからの遺伝子操作をめぐる政策決定に参加しています。特に、ヒトの遺伝子操作について、あなたはどのような政策を支持しますか。

①絶対に全面的に禁止
②遺伝子の構造を理解するためなど、基礎研究のためのみ許可
③死につながるような重篤な遺伝病の治療のためのみ許可

④さまざまな病気にかからなくする予防のためまで許可
⑤優れた知性、容姿など、エンハンスメントのためも許可
⑥空を飛べる羽など、なかったものを付け加える強化も許可
⑦規制は一切不要、なんでも自由に行っていい

このように考えると、③から⑤あたりで答える人が多かったでしょうか。①や⑦といったやや極端な答えをした人もいるかもしれません。本章で考えていくのは、こうした人間の遺伝子を操作していくことの倫理的な是非となります。まずは、いつものように歴史的事実から見ていきましょう。

1　遺伝子操作をめぐる歴史

遺伝子工学の展開

遺伝が一定の法則に従って生じることは一九世紀からメンデルらによって確認されていましたが、本格的な遺伝子工学の発達は、一九五三年のＤＮＡの発見以降になります。生物の細胞にはＤＮＡが存在し、それを構成する塩基配列が次世代へと遺伝情報を伝えているとい

うことが分かって以来、人類はそれを観察するだけではなく、その改変に着手しました。

一九七〇年代に細菌レベルで遺伝子の組み換えに成功します。これを受けて、遺伝子を組み換えられた生物をどう扱うべきか、という議論が始まります。七五年に開催されたアシロマ会議では、遺伝子が組み換えられた生物を実験室の外に放ってはならないという国際的な科学者の自主規制ルールが定められ、それが原型となって各国のガイドラインが策定されていきました。

その後、植物、哺乳類と遺伝子組み換えの技術はじわじわと進んでいきますが、決定的な契機となったのが二〇一二年のCRISPR/Cas9（以下、クリスパー）という新しい技術の開発です。この技術によって、これまでの限界を超えて、あらゆる生物のゲノム配列を自由に改変する可能性が開かれました。二〇二〇年にはこの技術を開発した研究者がノーベル賞を受賞しています。

とはいえ、クリスパーも開発当初は失敗が多く、特に人間の細胞に応用することにはほとんどの医学者、科学者たちが慎重な態度をとっていました。しかし、二〇一八年、中国の医師がクリスパーによって受精卵のゲノム編集を行った双子を誕生させたと発表し、世界中に衝撃を与えます。このときのゲノム編集はＨＩＶ（ヒト免疫不全ウィルス）の感染を予防する処置だったと言われています。以後、世界各国は急いで人間の遺伝子、特に受精卵の遺伝子操作についてのルールを策定することとなりました。

なぜ受精卵の場合が特に問題視されたかと言うと、処置を受ける当人の同意がないこと、そして、まだ細胞が分化していない段階で処置を行うと、その影響は生殖細胞にも及ぶということの二点があります。特に生殖細胞という言葉に注目してください。生殖細胞は、次の子供を生み出す役割を担う細胞です。つまり、受精卵の操作のような生殖細胞にも影響を与える操作は当該の子どもだけでなく、その子どもの子ども、ひいては子孫すべてに及ぶのです。したがって、受精卵の遺伝子操作はどれだけの数の人々に影響を与えるか分からないものであり、しかも、その誰からも同意を得ずに処置は行われることになります。それゆえに特別な慎重さが求められるのです。

日本では、二〇一九年に文部科学省と厚生労働省から「ヒト受精胚《じゆせいはい》に遺伝情報改変技術等を用いる研究に関する倫理指針」が発表されました。この指針のポイントは大きく二つです。第一に、研究の目的が受精胚の発達、保存や生殖補助医療にかかわるものであること。第二に、ヒト受精胚の取扱期間は、原始線条が現れるまで（最大一四日）とし、研究に用いたヒト受精胚は、人または動物の胎内へ移植しないこと。エンハンスメントなどを目的とするものは認められておらず、生命を誕生させてはならないということも厳命されています。

他方、すでに生まれた人が治療などのために、本人の同意のもとに受ける体細胞の遺伝子の操作については、通常の治療の許可手順を踏むことで受けることが可能です。日本では一九九五年に重症複合型免疫不全症の患者の治療に遺伝子治療が行われ、それ以降も難病治療のために遺伝子治療は試みられています。

優生思想の展開

さて、遺伝子操作と切っても切れないのが、優生思想です。優生思想とは優れた人間だけを増やし、劣った人間を排除するという思想を指しますが、優生思想は明に暗に人類の歴史につきまとっています。以下ではその歴史についても簡単に見てみましょう[100]。

優生思想の基となった「優生学」は一八六五年、フランシス・ゴルトンによって提唱されました。ゴルトンは進化論で知られるチャールズ・ダーウィンの従兄弟《いとこ》です。ダーウィンの自然淘汰《とうた》説を踏まえ、ゴルトンは人類についても優良な種を増やしていく必要があると主張し、彼に続く形で、優生学を擁護する学者たちは、次のように主張しました。社会保障や医学の発展の結果、弱者が淘汰されずに社会に蔓延《まんえん》して、社会全体のレベルが停滞している。

そこで人類は優生学に基づいて、第一に、劣った者が生まれないようにし、その出生率を抑制すること、第二に、優れた者同士の間に子どもを増やし、かつ彼らの子供を健康に養育すること、これらによって社会を改良し、人類の改善を図る必要がある。

優生学を弱者排斥の思想へと展開し、実社会で徹底的に実行したものとして知られるのが第二次世界大戦時のナチ党の一連の政策です。彼らは障害者、男性同性愛者、ユダヤ人らを劣った人種として隔離、殺害する一方、生命の泉と呼ばれる施設で、優れた人種とされたアーリア人の両親をもつ子どもたちの出生を促進しました[101]。

その後、優生思想的な政策は世界中で実行され、日本でも一九四八年から九六年まで存続していた優生保護法によって、ハンセン病や遺伝疾患、精神病患者に対する強制的な中絶や不妊手術が認められていました。一九六〇年代には、兵庫県を皮切りに「不幸な子どもの生まれない運動」が全国で展開されました。この運動では障害をもった子どもは不幸で親や社会に迷惑をかけるという発想から、その出生数を減らすべく、出生前診断の奨励などが行われました。運動自体は多くの批判を受けて中止されましたが、このような考え方は社会の中で燻《くすぶ》り続けています。

二〇世紀末頃からは、国家主導の強制的な優生的政策に代わって、新優生学、リベラル優生学という考え方が出てきます。[102] これは国家ではなく、親が自らの自発的な選択に基づいて、子どもたちにいかなる遺伝的改良を施すべきかを決めていこう、という考え方です。つまり、親が誰にも強制されずに自由に子どもの在り方を決めるという仕方であれば、結果としてそこに優生思想的なものがあったとしても、それは決して悪いものではない、と考えるのです。

実際、多くの親は子どもの健康を望みます。さらには、できることなら、運動神経や容姿に優れ、勉強もできてほしい、と思うのではないでしょうか。将来的には遺伝子操作技術がそうした望みを叶《かな》えてくれるかもしれません。では本当にそうした操作には問題はないでしょうか。以下では、そうした優生思想、新優生学を踏まえて、遺伝子操作の是非を見ていきます。

2　今、どれくらいのことができるのか

遺伝子操作はまず細菌、次に植物、そして動物、人間という形で進んできました。現在ではどのような操作が可能になっているのでしょうか。まずは人間以外の生物の操作から見ていきましょう。

好ましい性質を持った種子を選んで残していく品種改良の時代から、植物の改良は広く行

われており、遺伝子への介入も進んでいます。最もわかりやすい目的は、美味《おい》しい、食べやすい、育てやすい、たくさん採れる野菜の作出です。土地を選ばず育てられるトマトなどが開発されています。それ以外にも環境問題対策として、バイオ燃料を作りやすい藻などの開発も行われている他、合成が難しい化学物質を植物の体内で作る分子農業という分野も研究が盛んです。

動物の遺伝子操作は植物の場合と同じく、味、肉付きの良い個体の作製が目指されています。日本では鯛《たい》やフグの改良が有名です。育てやすい牛としては、角がない、病気に強い、高地でも飼える牛なども開発されています。また、環境問題への対策としての遺伝子改良も研究されています。たとえば、反芻《はんすう》動物である牛がゲップで排出するメタンガスは地球温暖化の一因となっているのですが、遺伝子を操作することで、それを少なくすることができると期待されています。

人間の病気との関連で言えば、伝染病を媒介しないようにネズミの遺伝子が改良されています。その他にも、がんなどの特定の病気を発現するよう遺伝子を操作されたマウスは、長らくがん治療のデータの供給源として利用され続けています。

他にもクラゲの遺伝子を組み込んで、暗いところで光るウサギなども実験室では誕生しています。また、遺伝子操作とは少し違いますが、遺伝子を複製することでペットのクローンを作る業者や、ペット用途に大きく育たない豚を生みだしている業者も存在します。

最後に人間への応用ですが、現状では、難病の治療のための技術開発がほとんどです。最初の遺伝子治療は一九九〇年にアメリカで行われたものとされています。これは、対象の遺伝子を直接組み換えるものではなく、特殊なウイルスを使って特定の遺伝子を体内に運び込み、新しい遺伝子を付け加える、というタイプのものでした。そのため、もともと病気を引き起こしている遺伝子そのものを改変することはできず、病気によっては治療効果が期待できませんでした。

その後、クリスパーをはじめとした、遺伝子の配列そのものを切り貼りする技術が登場してきたことで、治療の試みは次の段階に入ります。二〇一五年、クリスパーの一つ前の世代の遺伝子改変ツールを用いて、白血病の治療が行われます。二〇一六年にはクリスパーを用いたがん治療も行われました。その他にもＨＩＶ、パーキンソン病、筋ジストロフィーなどの難病の治療を目指して、さまざまな臨床試験が行われています[103]。

他方、子どもを親の好きなようにデザインするといったことはまだ現実味がありません。遺伝子改変と社会の関係を研究している石井哲也は「二九万四〇〇〇人ものゲノム解析と学業達成の関連の分析に拠れば、配偶子や受精卵にゲノム編集を施して高い知能の子をめざすことはほぼ不可能であるといえる」[104]と述べています。それは、高い学業成績と関連するゲノムの数があまりにも多く、それらをすべて改変することは極めて困難だからです。身長も同様であり、目の色ですら、一六の遺伝子と関連していてその操作は簡単ではない、と言われています。

以上から、さしあたっては遺伝子操作技術の開発のメリットは以下のように整理できるでしょう。

・安価で美味しく生産しやすい食料の供給

人類は常に食料の問題を抱えている。安価で美味しく安定した食料を手に入れることができれば、貧困などで飢えに苦しむ人々を救うことができる。

・環境問題の克服

遺伝子操作は、環境問題すら克服する力を与えるかもしれない。海藻類から効率よく地球に負荷をかけない燃料を取り出すこと、牛のメタンガス排出を減らすこと、他にも現在は砂漠であるような過酷な環境下でも生きられる生物を作り出すなどしていけば、現在の人類が直面している環境問題も解決することができる。

・難病の克服、伝染病への対策

遺伝子操作はこれまで治せなかった難病の克服という可能性を持っている。たくさんの患者たちの苦しみを救うことができるのだから、開発は積極的に行われるべきである。特に、有史以来の人類にとっての最大の脅威である伝染病を媒介する生物を無害化したり、絶滅させたりすることは、人類が生き延びるために必要なことである。

・新しい人類の誕生

遺伝子操作は、現在の人間の限界を突破し、より優れた新たな人類を誕生させることを可能にする。そこで私たちは健康に長寿を享受し、これまでできなかったようなさまざまな楽しみを得ることができる。

では、倫理面についてはどうでしょうか。以下では、反対する理由と賛成する理由について見ていこうと思います。

3　遺伝子操作技術の開発を巡る諸論点

論点一　私たちは遺伝子操作によってより優れた人類を生み出すべきか

最初の論点は、遺伝子操作によって現在の人類をより優れた存在へとバージョンアップすることの是非です。私たちは偶然的な遺伝子の変化と自然淘汰などを通じて、現在のような人類へと進化してきました。今後は狙った遺伝子を意図的に変化させることを通じて、さらに人類を進化させることができるかもしれません。しかし、それは行ってもいいことでしょうか。

反対派①　遺伝子操作は人間の本性を破壊してしまう

人間には人間としての自然な在り方、本性《ほんせい》がある。遺伝子操作はそれを破壊してしまう恐れがある。特に、遺伝子操作が生殖細胞にも及ぶ場合、その影響は処置を受けた当人だけでなく、その人の子孫全てに及ぶことになる。一つの操作が何万人、何億人に影響を与える可能性があるのだ。誰がそのような操作について責任をもつことができるのか。それは人類を救う技術ではなく、人類を絶滅させる技術である。

肯定派① 現在の人間に留まり続けなくてはならない理由などない

人間への遺伝子操作は現在、治療に限られている。しかし、将来的にはもっとさまざまなエンハンスメントとしての介入も可能になるだろう。たとえば、すでに筋力や体力に影響する遺伝子はある程度、目星がついている。こうした遺伝子への介入を通じて、人類はより優れた力を手に入れることができるようになるだろう。そして優れた力を手に入れれば、個人はより自由に自分のやりたいことをやれるようになるだろう。それは人類が次のステージに進み、発展していくことである。

いきなり大きな話ですが、最初の論点は、人類そのものの行く末にまつわる点です。肯定派は、遺伝子操作は将来的には、現在の人類の生物学的限界を超え、人類を新たなより優れた種へと発展させると考えています。こうした新たな人類はポストヒューマン、トランスヒューマン、そのような存在を目指す人たちはポストヒューマニスト、トランスヒューマニストなどと呼ばれています。日本にも日本トランスヒューマニスト協会という団体が存在し、「科学技術を積極的に活用することで生物学的限界を超越しよう」とすることで、「病気や障害のみならず老化や死までを克服し、生きていることの喜びを最大限に感受できるようになること」を目指しています[105]（ただし、彼らは現在のところ、遺伝子操作よりも、第三章で見たようなＡＩ［機械］との融合の方が有望だと考えているようです）。

実際、遺伝子操作技術は何の制約もない状態で発展を続ければ、やがて人間を今の人間とは違う存在にするような処置も可能とするでしょう。反対派は、それに対して、そのような処置は人類を滅ぼすことであり、許容できないと考えます。たとえば、クリスパーの開発者の一人であるエマニュエル・シャルパンティエは新聞社のインタビューに対して「（ヒトの生殖細胞への利用は）危険性があり、正当化されない。この技術は病気の治療や予防の目的で使うもので、人間が手を加えて何か別のものに変容させるために使うものではない」と答えています[106]。あくまで人は人に留まるべきだと考えるのです。

しかし、これに対しては、今の人類が絶滅して新しい人類が誕生することの何が悪いのか、という応答があるでしょう。現在の人類は現在の環境との兼ね合いの中でたまたまこのような形態を得ている存在に過ぎません。ポストヒューマニストたちは、人類が今の状態に留まらねばならない理由などないと考えます。人類は遺伝的、生物的な軛《くびき》から解き放たれて、より自由な存在を目指してもよいのだ、と彼らは言うでしょう。倫理学の重要な考え方③で見たように、「今こうである」ということは、「これからもこうであらねばならない」を含意しません。「私たちは何を目指すべきか」ということを考えるためには「私たちはどんな存在か」ということを考える必要があるとしても、現在の在り方に縛られる必要などないのです。とはいえ、あらゆる本性が無用だというわけではありません。むしろ、ポストヒューマニストたちは、現状を変え、新しい価値を創造し、未来に向かって進み続けることこそ、人間のもっとも重要な本性であると考えます。だとすれば、そう言えるのはなぜか、私たちにとって欠いてはならない本性は存在するのか、存在するとすればそれは何なのかということの考察が、ここでの論点を先に進めるためには必要になるでしょう。

さて、人類滅亡という論点を離れたとしても、そもそもよりよい存在を目指す、ということは再び優生思想を招き寄せるのではないか、という批判もあります。次にそれを見てみましょう。

論点二　遺伝子操作の許容は優生思想の復活につながるか

ここでの論点は優生思想との兼ね合いです。遺伝子操作技術の発達は、特定の人々を弱者と決めつけ、社会から排除するような優生思想を再びもたらすことになるでしょうか。

反対派②　遺伝子操作の許容は優生思想を復活させる

旧優生思想への反省から、国家による介入は今では表立っては唱えられない。しかし、健康で、賢く、道徳的な人を作り出そうという国家的プロジェクトはずっと続いている。むしろ、背後に隠れた分、わかりにくく、たちが悪くなっている。たとえば、医療費の削減や子どもの健康という名目での出生前診断の奨励などがそうだ。かつての「不幸な子どもの生まれない運動」が、貴女もきちんとした母親なら不幸な子どもを産まないようにしよう、という形で、あたかもそれが母親の責務であるかのように語り、個人に責任をなすりつける仕方で展開されたことを忘れてはならない。たとえ、強制はせずとも、障害者の支援ではなく出生前診断などにばかり補助金を出したり、結果に対する自己責任を過度に強調したりするなら、さまざまな事情から、出産を迷っている人は人工妊娠中絶を選ぶ方向に傾くだろう。同じように遺伝子操作のメリットばかりが強調されれば、個人は誘導されて進んで自分の子に遺伝子操作を施すようになるだろう。そのようなやり方は優生思想的政策と本質的には何も変わらない。誰が生きるに値する優れた人かなど、誰にも決める資格はなく、まして国家がそのような選別を行ってはならない。

肯定派② 個人には自分たちの遺伝子を操作して幸福を追求する自由がある

確かに国家による誘導はよくない。だからこそ、私たちが思い描いているのは、あくまでリベラル優生学、すなわち個人が幸福を求めて自分の遺伝子を自発的に操作したり、子どもが将来、最善の利益を得られるように、子どもの遺伝子を操作したりすること、それだけだ。そして十分な情報提供をし、強制を排除していくことで、個人の自由な選択を可能にすることこそ、国家の役割だろう。それをも認めず、法律で遺伝子操作を一律に禁止するというのは、逆に個人の自由を認めず、現在のままの存在に人々を縛り付けようとする国家権力の横暴である。

現代の自由主義的な社会に暮らしていると、国家による優生政策など遠い過去のものだと思われるかもしれません。しかし、歴史の節で見たように、日本の優生保護法が廃止されたのは一九九六年であり、今からほんの二十数年前のことです。そして、そこでも述べたように、私たちの中には優生思想的な考え方が多かれ少なかれ潜んでいます。本書でこれまで見てきたさまざまな介入について、美しい方がいい、運動能力や認知能力が優れていた方がいい、性格も落ち着いていて、性別にも悩まない方がいい、そのようにまったく思わなかったという人はどれだけいるでしょうか。自分の子どもをそのような存在にできるチャンスがあるとすれば、そうしないでいられるでしょうか。そしてそうしない人に対して「どうしてしないの？」と思わずにいられるでしょうか。

遺伝子操作が一般的になった世界を描いた有名な映画に「GATTACA」という作品があります。主人公の両親は長男を遺伝子操作することなく自然な状態で誕生させます。しかし、結局両親は、健康に問題があり、社会から拒絶され、苦労する彼を見て、次男の誕生にあたっては遺伝子操作を施すことを選択します。そうして、兄よりもずっと健康で強靭《きょうじん》な肉体をもった子が生まれてきます。強制収容所や隔離施設を作らずとも、遺伝子操作をされていない人が生きにくい社会を作るだけで、優生思想的な国家を生み出すことは可能なのです。

実際、遺伝子を操作するのが当たり前で遺伝子が良いほど得をする社会が到来すれば、ほとんど選択の余地はありません。これまでもさまざまなエンハンスメント技術について見てきたように、他の皆がすれば、後れをとらないためには、「私もせざるを得ない」のであり、強制の問題が避けられません。就学や就職などにも影響するほどに遺伝子操作が力をもつとすれば、人々はこぞってそうした介入を自分の子どもに施すでしょう。そうすると、自分の子どもを他の子どもたちと同じスタートラインに立たせるためには、自分の子どもの遺伝子も操作せざるを得ません。人々は遺伝子を操作する自由を得たようで、操作しない自由を失ってしまうのです。

また、仮に自由な選択が可能だとしても、そこにあるのは親の自由だけであって、子どもの自由ではない、という問題もあります。遺伝子操作反対派の人たちは次のように続けます。遺伝子操作は逃れようのない重荷を子どもに背負わせ、設計されたプラン通りに生きることを押しつける。その結果、本来、無条件の愛であるべきものが、条件付きの愛情になる。すなわち、プランに沿っている限りで愛するが、プランを外れた子どもは愛さない、ということになるのではないか。子どもには、自身の人生を自分で選ぶ権利がある。それがたとえ遺伝子操作をされた場合よりも失敗のリスクが高い人生であったとしても、である。

これらの点をめぐっては、肯定派も大方において、反対派の主張を認めます。そのため、次の二点が強調されることがあります。第一に、遺伝子操作は個人が自分に対して自分の責任において行うものに限定して許容される。第二に、子どもの遺伝子操作については、子どもが将来人生をスタートさせたときに、確実に同意するような操作のみ、たとえば遺伝的要因のために不利になることがないように、最低限の遺伝子セットを与えることのみが許容される。

第一の点は遺伝子操作を自己決定の範囲内に納めようとするものです。このことも個人が自発的に自分の遺伝子を操作することは自由な幸福追求として認められる範囲のことであり、他人がとやかく言うことではない、という主張と捉えるなら、これまで本書で何度も論じてきた問題、すなわち、それは本当に個人だけの問題か、という問題につながっていきます。

第二の点は、第五章で見たチューニング理論の応用です。すなわち、人生をスタートさせる際に明らかに不利になったり、人生を楽しめなくなってしまったりするような要素のみを取り除くような、最低限の操作のみを許容するというルールを作ればいいということです。確かに、命にかかわるような難病や常に苦痛に苛《さいな》まれるような状態であっても取り除いてはならないというのは厳しすぎるようにも思えます。だとすると、問題は最低限の操作とは何か、ということになるでしょう。特に、次の論点で挙げるような、差別の問題を引き起こさない仕方で、そのラインを引くことができるか、ということが重要になってきます。

論点三　遺伝子操作は不平等を温存し、差別を助長することにつながるか

遺伝子操作の最後の論点は、第二の論点ともやや重複しますが、差別と不平等にかかわるものです。

反対派③　遺伝子操作の許容は差別を助長することになる

遺伝子操作によって完全な体を求めることは、それを持たない人や障害をもった人に対して否定的な態度を向けることを伴う可能性がある。あるいは、障害者の数をそのような形で減らすことは、よりインクルーシブな方向への社会制度の改革を遅らせることになり、平等で多様性を重んじる社会を遠ざけることになる。たとえば、段差にスロープをつけるのではなく、個人が自分で足を遺伝子操作によって治せばいいじゃない、ということになりかねない。実際、現在でも出生前診断によって特定の病気をもっていることが分かった胎児は、選択的人工妊娠中絶を受けることが多いが、その結果として、欧米ではそれらの病気を診られる医師の数が減っているという現実がある。完全な心身を追い求め続けるよりも、遺伝子操作などしなくても誰でも生きられる社会を作るほうがずっと大事なはずだ。

肯定派③　遺伝子操作は遺伝子格差を是正し、より平等な社会を可能にする

現在の人類はあまりにも遺伝子の偶然の影響を受けすぎている。たまたまもって生まれた遺伝子がどうであるかということに、すべてではないにせよ、人生の多くのことが影響され

てしまう。そのような状況は決して公平とは言えない。自由に遺伝子を改良することが可能になれば、本当に平等な社会をもたらすことができるようになるだろう。その際、反対派が危惧するような状況を回避するために、遺伝子を改良するのも、改良しないのも自由、どちらの自由も尊重されるべきという教育をあわせて行えば、遺伝子操作技術はより多様で開かれた社会をもたらすだろう。

肯定派②で見たように、肯定派が目指すのは、個人が幸福追求のために自由に自分の遺伝子を改変できる状態です。そこでは、個人が勝手にやる分には自己責任でしょ、という意見が当然予想されます。それに対して、ここで反対派は、そうした個人の選択が積み重なって社会の選択を作りだしているのだという、何度か見てきた論点を持ち出している形になります。

美容整形の場合には、美容整形を受けることを個人の選択として許容しつつ、それを受けていない人も幸福に生きられる社会を目指すことは可能か、ということが問題でした。そこでは、少なくとも美の基準を多様化したり、美によって人間そのものを評価することを控えたりする、といったことが必要であり、そうした社会を作ることは簡単なことではないということも示唆されていました。

遺伝子操作の場合、優生思想との結びつきを絶つのが容易ではないため、両者を両立させることは不可能ではないとしてもより困難です。そもそも評価が高い人間を作り出そう、そうした人間になろうという欲求に支えられた遺伝子操作は、どうしても人間の序列を作ってしまいがちです。どこかで歯止めをかけるのでなければ、結局、遺伝子操作をされていない人とされている人の間で分断が生じ、さらにその上に、より高度な操作を受けている人が立つ、という仕方で終わりのない競争が始まってしまいかねません。

もちろん、幸福になりたいと願うこと、子どもに幸せになってほしいと願うこと、それら自体は決して、悪い欲求ではないはずです。それが他人を不幸と決めつけ、実際に他人を不幸にするような悪しきものに転化しないよう、私たちは十分に注意しなければならないでしょう。

4 遺伝子操作についてのまとめと遺伝子決定論

遺伝子操作の問題には、これまで本書で論じてきたことの多くが含まれています。それは遺伝子操作によって容姿を整えたり、運動能力や認知能力を高めたりすることが可能になるかもしれないからです。その意味では、遺伝子操作は究極のエンハンスメントということもできるかもしれません。だからこそ、何度も出てきた強制や差別などの論点は避けて通れません。

もちろん問題もあるとは言え、遺伝子操作の技術は、これまでのさまざまな介入と同様、たくさんのメリットがある技術であることは間違いありませんし、一概に禁止すべきとは言えないと思います。しかし、そうした技術を用いる場合、そこで私たちは弱者や少数者、自分とは違う人を排除する優生思想的な考えに陥りがちであることを忘れてはなりません。自分自身に使うときでさえ、私たちは本当に自分の意志でそれを選んでいると言える場合ばかりではありません。私たちはこの社会の中で他人の選択によって選ばされているし、自分の選択によって他人に選ばせています。そのことも考慮に入れながら、メリットとデメリットを比較考量し、何が超えてはいけないラインかを見据えて、技術の開発に向き合っていかねばならないでしょう。

また、遺伝子がどれほどの力をもつのか、という現実をきちんと見据えることも重要です。ありとあらゆることが遺伝子によって決まるという遺伝子決定論は、現代ではほとんど支持されていません。もちろん、重病をもたらすような遺伝子は、私たちが取り得る選択肢を狭めてしまうかもしれません。しかし、重病の床にあってもなお、可能な限りで自由に生きられるように社会や周囲の人たちがサポートをすることは可能なはずです。どのような遺伝子をもっていたとしても、それに縛られずに生きる自由が私たちにはある、そしてそのような自由をお互いにもたらすような社会を作らねばならない、ということは忘れてはならないでしょう。その上で、どこまでの遺伝子操作を認めていくか、慎重に考えていく必要があります。

新しい技術はどんどん登場してきて、可能なことの範囲はどんどん広がっていきます。そのため、この問題は、何もしなければ良くも悪くもならない、という事柄ではなく、何の規制もしなければいつの間にか私たちの日常を根底から変えてしまうかもしれないような事柄なのです。ですから、私たちはどこまでが許されて、どこからが許されないのか、その都度、ラインをしっかりと考えていかねばならないでしょう。

第八章　善人をつくりだす——モラルエンハンスメントの倫理を考える

本書ではさまざまなエンハンスメントについて、倫理的に許されるか、ということを考えてきました。これまで扱ってきた話題は、応用倫理学と呼ばれる哲学の文脈に属します。応用倫理学では一般に、人々は倫理的に許されることを行い、許されないことはしない、ということが前提になっています（そもそも倫理的に禁止されることをしてはいけないのはなぜか、ということはメタ倫理学と呼ばれるジャンルで扱われます）。それゆえに、さまざまな事柄を考えながら、これは倫理的に許される、これは倫理的に許されない、という判定をするのです。もし、倫理を気にかける人がまったくいないのなら、そんなことを判定しても何の意味もないでしょう。

しかし、現実の世界には倫理的に許されないことを行う人がいます。彼らはそれが許されないとは思っていない人と、許されないのは知っているがやってしまう人とに分かれますが、いずれにしても、たいていの人が悪いと考えることを、平気で行う人がいるというのは事実です。仮にそんな人が大勢いるなら、本書を通じてどれだけこの行為は悪い、この行為は善いなどと考えてもらっても無駄になってしまうかもしれません。そこで、最後にこの章で考えるのは、人々を倫理的に善くする介入の是非についてです。すなわち、エンハンスメントの技術を使って、人々を善人にすることは倫理的に許されるかどうか、という問題です。

これまで見てきたように、たいていの場合、人の内面への介入には慎重になるべき理由がありま す。しかし、倫理の目的が人を善き方向へと導くことであるなら、倫理は人間をエンハンスメント技術で善人にすることを否定できるでしょうか。人間をみな善人にしてしまえば、遺伝子操作を悪用する人はいなくなり、ルールに反したドーピングをする人も、差別をする人もいなくなります。犯罪対策のコストも減り、その分を福祉に回すこともできるかもしれません。私たちはそのような人間を善人にする介入技術の開発を認めるべきでしょうか。

Q：あなたは教師なのですが、子どもの頃に佐藤という名前のクラスメイトに嫌な目に遭わされたトラウマから、生徒たちの中でも佐藤という名前の子にだけ少し冷たくあたってしまいます。あなたは道徳的にまっとうな人間であるため、生徒自身に非がないことは明らかであって、そのような差別的な態度は不合理だし、よくないと感じています。しかし、一方で、佐藤なんて名前だから仕方がないとも思ってしまいます。もう自分自身ではどうしようもないのです。このとき、ある薬を飲むと公平心が高まり、佐藤に対しても平等に振る舞うことができるとすれば、あなたはこの薬を飲むべきだと思いますか。

1　道徳的能力を向上させる？

本章のターゲットは道徳的能力ですが、そもそも道徳的能力とは何かと言われるとなかなか難しいものがあります。倫理学の中にもさまざまな考え方があって、これだという決定的な答えがあるわけではありません。とはいえ、以下に挙げられるような能力は、しばしば道徳的に優れた能力だと言われます。

・他者に共感し、友情や愛情をもって接する能力
・困っている人にたいして優しく、親切に振る舞う能力
・悪事に対して勇気をもって立ち向かう能力
・誰に対しても公平、平等に振る舞う能力
・法を守り、人々の幸福のために行動する能力
・自律的によく考え、他人の意見に流されたり、偏見から行動したりしない能力

さしあたっては、このあたりを道徳的な能力であると仮定して話を進めましょう。では、そうした能力を生化学的な手法で増強することは可能なのでしょうか。

遺伝子操作や不死と同じく、二〇二一年現在、人々を完全に善人する技術は確立されていません。しかし、人間の道徳性も感情などと同様に脳の特定の部位における神経線維の発火などの生物学的な基盤をもつ以上、そうした部位に生化学的に働きかけることで、人間の道徳性を操作できるのではないかという見込みは存在しています。よく挙げられるものにはオキシトシンというホルモン、脳内のセロトニン濃度を高める抗うつ剤の一種であるＳＳＲＩの利用などがあります。それぞれ使い方によっては、共感能力や公平性などを向上させることができるという実験結果があります。また、第三章でも登場したブレイン・マシン・コンピュータ（ＢＭＣ）を装着して脳に特定の電気刺激を与えることで、行動を改善する技術も研究されています。あるいは、暴力的な行動を引き起こす傾向をもつ遺伝子を改変して、暴力性を抑制するという研究も存在しています。

2　道徳的能力のエンハンスメントをめぐる諸論点

では、道徳的能力の増強（以下、モラルエンハンスメント）の実行を支持するような議論にはどんなものがあり得るでしょうか。ここには大きく分けて二つのパターンの議論があります。便宜上、その要求の程度に合わせて、強い議論と弱い議論と呼ぶことにしましょう。

強い議論：私たちは道徳的能力を向上させねばならない、向上させる義務がある
弱い議論：私たちは道徳的能力を向上させてもいい、向上させても許される場合がある

以下、これまでの反対派・肯定派という紹介の順番とは逆になりますが、それぞれの主張について見ていきましょう。

論点一　私たちには道徳的能力を向上させる義務があるか

肯定派①　私たちは道徳的能力を向上させねばならない、向上させる義務がある（モラルエンハンスメントを支持する強い議論）

私たちには、道徳的能力を向上させる義務がある。なぜなら、私たちの多くは道徳的にまっとうな人間であるが、この道徳性は進化論的に見ると、私たちの祖先が小さな村などの共

同体を作って暮らしはじめたときに身についたものであるため、せいぜい家族や、村、町レベルで働くものである。そのため、現在のような都市化、グローバル化が進んだ社会に、私たちの道徳性はまったく対応していない。また、時間的にずっと先のことなどを考えるという機能も備わっていない。実際、私たちは遠くの人よりも近くの人に同情し、将来の大きな利益よりも目先の小さな利益を選んでしまう。

このようなローカルな道徳性では、環境破壊や飢餓問題、世界戦争、感染症の流行などの地球規模の問題には対処できない。近くの人のことしか考えられないため、離れた土地で起きている飢餓や内戦、難民の問題などを他人事として捉えてしまう。時間的に近いことしか考えられないから、地球温暖化などのように長い目で見たときに被害が生じる環境問題などに無関心になってしまう。

そうした人類規模の大きな問題に対処するために、私たちは自分たちの道徳性を脳への直接的な介入によってバージョンアップし、より善いもの、より完全なものへと引き上げる必要がある。すなわち、私たちには道徳的能力を向上させる道徳的義務がある。[107]

グローバル化が進んだ現代社会ではさまざまな形で世界中がつながっています。環境問題では先進国の行動が遠くの途上国に被害を与えることがあります。あるいは先進国の裕福な人々が少しでも財産を寄付すれば助かっただろう命が、貧しい国々では毎日たくさん失われています。私たち先進国の人間が道徳的に善く行動していないために、こうした事柄が起きています。

しかし、強い議論を支持する人々に言わせれば、これは私たちの意志の弱さというより、生物学的にそのように脳ができているから仕方がないことです。私たちの道徳性は現代社会にまったく対応しておらず、空間的、時間的に近い範囲でしか働きません。そのため、目の前に困っている人がいれば多少の犠牲を払ってでも可能な範囲で助けようとしますが、統計的な数字として多数の困っている人がいるという事実を示されても、私たちの心は「心理的麻痺《まひ》」を起こしてしまって、ほとんどの場合、何の行動も起こさずじまいになってしまうのです。

そのため、それらの問題に対して直接行動を起こせない個人を責めても仕方がないと彼らは述べます。それよりも本気でそうしたグローバルな問題に対応するためには、脳への直接的な介入によって、私たちの道徳性を増強する必要があります。すなわち、私たちには道徳的能力を向上させる道徳的義務がある、と言うのです。環境破壊や戦争、感染症の問題は人類全体の存続にかかわるような問題です。私たちには世界を守る義務があるし、そのためには道徳的能力を高める義務がある、というのが強い議論の主張です。

では、強い議論は妥当な議論と言えるでしょうか。反対する議論についてみてみましょう。

反対派①a　強制とコスト

強い議論は潜在的にすべての人をターゲットにしている。たとえば、私一人がより道徳的になっても、環境問題には対処できないだろう。そのため、この処置は世界中の大多数の人類、少なくとも、環境問題に対処できる閾値《いきち》以上の多数の人間に対して行われねばならない。しかし、そうすると、そのような処置を受けたくない人にも強制的に処置を行わざるを得ない。だが、それは個人の自由の観点から認めがたい。

特に、道徳的能力のエンハンスメントの結果が出るのは何十年も先のことになる。そのような査定ができない不確定なことのために、個々人への重大な介入を認めることはできない。そもそも大規模で行わなければならないということは、それだけ多くの費用や心理的障壁の突破を必要とする。それをどこから捻出するのか。むしろ、教育や法規制の方が結局の所よっぽど安くて確実である。

反対派①b　濫用とフリーライダー

大規模に薬を与えるということになれば、政府などが一元的に行う必要があるだろうが、彼らに私たちにとって非常に重要なものである道徳的能力を左右する力を与えてもよいとは思えない。私たちは、そこまで権力を信用することができない。彼らは自分に都合のよい人間を作り出すべく、権力に従順になる、決して法に逆らわなくなる、などといった能力を強化するような細工をするのではないか。特に重要なのは、善悪の判断をする能力は一度奪われてしまえば、能力を奪われたことの善悪を判断することができなくなるという点である。暴走と濫用を防ぐために、権力の使われ方が正しいかどうかは常に、その権力の外側から監視されねばならない。その意味で、道徳判断の能力は決して権力や他人に委ねてはならないものである。

さらに、原理的にすべての人間に薬を飲ませることなどできないとすれば、周りの人間が道徳的であればあるほど、そうでない人間はただ乗り（フリーライド）ができて得をする。周りの人間が人を疑うことを知らない善人なら、詐欺し放題である。そうしたただ乗りをする者たち、フリーライダーたちが不当に利益を得ることは避けられない。

反対派①c　どの倫理観を強化するのか

何が倫理的に正しく、何が倫理的に正しくないか、ということは極めて難しい問題である。薬を与える側が義務とする特定の倫理観が本当に正解であるとどうして言えるのか。たとえば、強い議論は人類が永遠に存続することが正しいことだと考えているが、必ずしもそうではないかもしれない。何が正しいかは外部から押しつけられるべきではない。仮に、人類を存続させようとするとしても、それは薬によってそう思わされるのではなく、私たち一人一人が自律的に選択した結果として目指されるのでなければならない。

このように、強い議論に対しては反対意見が多くなっていますが、それらの意見に共通するものとして、やはり倫理や道徳は自律的に従われるものでなければならない、ということがあります。善悪や正不正の判断とそれに基づく行動は他人に強制されるべきものではなく、自分自身で納得して下し、行うものでなければならないということです。

たとえば、チャールズ・ディケンズの『クリスマス・キャロル』という作品において、守銭奴スクルージは、精霊に幻を見せられる中で、自分の振る舞いや言葉が周囲の人々にどんな影響を与えてきたのか、どんな結果をもたらすのかということを知り、心から後悔し、改心します。そこに私たちは人が道徳的に成長するという希望を見出します。これが、精霊がスクルージを拘束し薬物を投与して、改心させたという話だったらどうだったでしょうか。

もちろん、実際にスクルージに迷惑を被っていた人からすると、どちらでも構わない、となる可能性もあります。現実においても感染症の流行のような場面においては、社会の大多数の人間が協力しなければ、感染の拡大を止めることができず、医療崩壊を通じて、多くの人が被害を受けてしまう可能性があります。こういう場合には、強い議論のようなものが魅力的に見えることも事実です。学校教育にも「道徳」の授業を採用して、私たちは現に他人を道徳的にしようとしています。将来、モラルエンハンスメントの技術が確立した場合に、私たちは、少数の不道徳者のために全体の利益が損なわれるといった場面において、それらの少数者に対してモラルエンハンスメントを強制せずにいられるかと言われると、やはりそうしたくなるという人も多いかもしれません。それでも本当にそんなことをしてもよいのか、他に方法はないのか、ということは、最後まで問われ続けなければならないでしょう[108]。

いずれにしても、強い議論はかなり極端な主張です。そこで、次にもっと穏当な主張として、弱い議論を見てみましょう。

論点二　私たちは道徳的能力を向上させてもよいか

肯定派②　私たちには、道徳的能力を向上させる義務はないが、向上させてもよい場合がある、あるいは、少なくとも道徳的能力のエンハンスメントは全面的に禁止されるべきではない（モラルエンハンスメントを支持する弱い議論）

私たちは道徳的にまっとうな人間であるとしても、個人的に、もっと公平に愛情深く振舞えたらいいのに、と思う場合がある。そして、実際、私たちがそう振る舞うことで、世界はよりよくなるだろう。そして、そのような個人的な向上心からくる行動を禁止しなければならない明確な理由は存在しない。たとえば、特定の相手への差別的な感情、嫌悪感への対処として、次のような場合には、エンハンスメントによって道徳的能力を向上させて対応しても問題がないだろう[109]。

1　この処置は、他の手段を使った場合よりも、道徳的に良い感情をもたらす
2　この処置を行わなければ、道徳的に悪い感情をもってしまう
3　この処置は道徳的に悪い感情を抑制する（良い感情を強制するわけではない）

4　この介入は副作用をもたない
5　あなたは自由な最善の理由に基づく選択の結果として、エンハンスメントを望んでいる

攻撃性や共感力の低さが原因で、家族や友人、同僚と良い関係が築けていないなら、この処置を行っても、道徳的な不正を犯すことにはならない。

強い議論は、可能であれば公共の水道水に道徳性を高める薬を混ぜてでも、すべての人々を強制的に道徳的にしてしまうべきだと考えます。他方、弱い議論はそこまでは要求しません。こちらのタイプの議論によれば、私たちには、道徳的能力を向上させる義務はないが、向上させてもよい場合がある、あるいは、少なくとも道徳的能力のエンハンスメントは全面的に禁止されるべきではない、ということになります。

弱い議論でも、意志の弱さ、道徳性の不足は必ずしも私たち自身の選択の結果、個人が責任を負わなければならないことではありません。弱い議論の支持者は次のように述べています。遺伝的な要因で道徳性が不足している人もいれば、幼い頃からの家庭環境、偏った教育などのためにそうなってしまっている人もいる。そのことで苦しんでいる人が、自分自身の

不公正さ、暴力性を改善しようとして、自発的にエンハンスメント処置を受けることをどうして止めることができるだろうか。エンハンスメント処置を受けたなら、本人も周囲の人々もより幸福に生きることができるようになるだろう。我が子を愛せない親も虐待をするくらいなら、モラルエンハンスメントをした方がよい。なぜ自分に与えられた道徳性で一生を過ごさなければならないのか。

これまで何度も見てきたように、私たちは遺伝的な要因、環境的な要因によってある程度まで、できること、できないことを制限されています。プロバスケットボール選手になれる身体を与えられた人と与えられなかった人がいるように、道徳的に振る舞うことが容易にできる能力を与えられた人と、そのような能力を与えられていない人がいます。こうした不公平は是正されてもいいはずです。したがって、右のような条件を充たした上で、強制ではなく、個人的なレベルで行われるモラルエンハンスメントを禁止する理由はない、というのが弱い議論の主張です。

弱い議論は、強い議論のもつ難点をほぼクリアしています。自由に個人が行うものなので、強制も濫用の心配もありません。個人レベルなので、大規模なコストもかからず、結果も（環境問題などと比べれば）短期的で、成果が出なければやめればいいのです。特に、五条件は、本書で扱ってきた他の多くのエンハンスメントにも応用可能な完成度の高い基準であると言えます。しかし、それでもまだクリアすべき問題は残っているので、最後にその点を見ていきましょう。

反対派②a　薬で築かれた関係は真の関係と言えない

薬で作られた関係は「本物」の関係とは言えない。差別されている側としては、薬を飲んだうえで優しくされてもあまり嬉《うれ》しくないのではないか。親の愛情が薬によるものだと知った子どもは傷つくのではないか。本当に道徳的に善い関係とは、「本物」の道徳的感情に基づく関係であり、薬や外科的処置によってそれを手に入れたとしても、それは「偽物」の関係に過ぎない。偽物の優しさで満ちた世界は、誰も傷つかないかもしれないが、それは人々の本当の感情を覆い隠したディストピアに他ならない。ぶつかりあったり、時には距離を置いたりすることになったとしても、その方が相手の本心を疑い合う関係よりもずっとマシである。

反対派②b　本当に道徳的に向上するチャンスを放棄する

本当に道徳的に善い人というのは、心から周囲の人のことを思い、自発的に彼らのために行動するような人である。失敗したら後悔し、反省し、次こそはと立ち向かう人である。努力せずに薬でそれらを手に入れたような気になるのは、いかにも浅はかであり、自らの向上のチャンスを放棄することである。薬で手に入れた動機から行為する人はもはや自発性を失って、自分をロボットに変えてしまっている。

弱い議論に対する反論は、どちらもすでに登場したものです。①は感情や性格の操作でも登場した理由ですし、②はドーピングの箇所で登場しました。だとすると、モラルエンハンスメントの支持者は、ここでもチューニング理論と、賛成する理由、反対する理由の両方を踏まえる害と利益のバランスアプローチを提唱することになるでしょう。たとえば、道徳的能力に明らかに欠陥があって、自他に被害を与えることが見込まれる場合には、問題に適切に対応するレベルまでのモラルエンハンスメントを許容する、といったやり方です。偽物と言われるとしても、それによって差別や虐待などが減らせるなら、本物よりマシということも言えるかもしれません。この場合、個々のケースで害と利益のバランスをとりながら、特に治療的な介入については許容していくということになるでしょう。

しかし、同時に、バランスアプローチ自体の紹介をした際にも述べましたが、そもそもバランスをとる秤《はかり》に乗せるべきではないようなものもあります。少数者が差別されない権利などは、少数者を差別することでどれだけ利益を得られるとしても、譲り渡してはならないものです。そのため最終的な問題は、自律やアイデンティティと言ったものが、バランスの考量の対象になるかどうか、ということになってくるでしょう。

3　道徳的能力のエンハンスメントについてのまとめと自己決定の範囲

以上、見てきたように、モラルエンハンスメントについては、強い議論と弱い議論がありました。強い議論は強制的なものである点が問題含みでした。特に、道徳的決定を下す能力を誰かに委ねることは、非常に危険であるように思います。そのため、家庭や学校で道徳を教えるときでも、私たちはそのやり方に注意を払わねばなりませんし、私たちは自分自身の道徳性を責任を持って自分自身で育てていかねばならないでしょう。

これまで本書で見てきた他の個人的エンハンスメントと同様、弱い議論に基づくモラルエンハンスメントについては、完全に否定されるかどうかは微妙なところです。とはいえ、感情のエンハンスメントを論じた際に示唆されたように、道徳を育てるということには、文脈が必要です。つまり、なぜそれは悪いのか、なぜそれは善いのかを理解し、周囲の人との相互的な関係の中で時間をかけてそれを身につけることは、道徳的な能力にとっては決定的に重要な要素の一つです。哲学者の森岡正博はモラルエンハンスメントを批判する論文の中で以下のように述べています。

> 人間の内部の道徳的統合性の核心部分には、歴史的な統合性 historical integrity がなくてはならないということである。すなわち、人間の道徳的判断と道徳的行為の根本的な傾向性は、事前の兆候なく瞬時に変化することなどあり得ないのである。この傾向性の変容があるとすれば、それは主にその人間の人間性のゆっくりとした発達あるいは成熟によってなされるのであり、それはその人間が関与した人々との相互のやりとりの蓄積によってもたらされるはずなのである。そしてこの変容のプロセスは、一般市民の日々の経験を通して内側から理解可能な性質のものでなくてはならない。[110]

このことは、他のエンハンスメント全般についても当てはまるところがあります。私たちは自分たち自身を、単なる自由に操作可能なタンパク質の塊とはみなしていません。それは身体と心とが分かちがたく結びついたものであり、また、さまざまな仕方で社会的に他人の身体とも結びついたものでもあります。あるいは過去の自分と、未来の自分とをつなぐものでもあります。私たちは現在、過去、未来の自分と、そして共に生きる他者と、この身体を通じて触れあっているのです。それを踏まえた上で、どこまでが自己決定の範囲で、どこからがそれを超えたものなのか、ということも私たちは慎重に見極めていくのでなければならないでしょう。

おわりに

本書ではこれまで、人間の心身に介入し改造するさまざまな仕方の良し悪しについて見てきました。各技術に固有の問題もあれば、共通の問題もありました。特に、傲慢さ、不平等、差別、強制、アイデンティティの感覚の喪失、身体の道具化などの論点は形を変えながら何度も繰り返し出てきました。それらが良くないもの、避けられるべきものであるということには、反対派も肯定派も基本的に同意します。問題は、さまざまな介入は本当にそれらの良くないものにつながるか、ということです。反対派は、エンハンスメントがそうした良くないものとほぼ確実につながりをもつと考えます。他方、肯定派は、そのようなつながりは偶然的なものに過ぎず、私たちの努力によって回避することができると考えます。同時に、両者は傲慢であるとは、平等であるとはどういうことか、という概念の理解のレベルでも対立していることがわかりました。

そもそもなぜ人は人体を改造するのでしょうか。もちろん、理由は一つではないでしょう。ですが、本書を終えるにあたって、少しだけ、そうしたさまざまな理由の背後で共通していそうなものについて考えてみたいと思います。そして、そうした状況を踏まえて、筆者の意見を述べてみたいと思います。

人は個人的に自由に選択しているように見えて、社会や環境によって選択を強いられていたり、選択肢の幅を制限されていたり、また気づかずに影響されていたりします。その意味では、私たちが共有している時代の空気、文化、雰囲気といったものが、私たちをそうした選択へと導いているのかもしれません。

何かがうまくいっていない閉塞感、切迫感

社会が機能していない、今の自分の力ではうまくいかない。明確に誰が悪い、これを改善すればいいということが分からない。周りの人は皆すごいように見える。悩まずに何でもできているように見える。焦る。でもどうしようもない。苦しい。さらに焦る。そんな中、身体の改造は新たな切り口、新たな力を与えてくれるように見えます。

そのようなエンハンスメントが良い方向に働けば、その介入の力を借りて、自分の力で停滞を突破していくことができるようになります。美容整形や筋力の増加、スマートドラッグの使用が気分を上げること、そしてエンパワーメントになることがあるというのは、こうし

た事例と言えるかもしれません。衣服や装飾、そしてその延長としての美容整形は人を美しくするということ以上に、その人に力を与えるという側面、すなわち「ファッションで人は強くなれる」という側面をもっています。

他方、良くない方向に働く場合、私たちは社会を改善することを諦め、改造の力に依存し、それに頼り切りになってしまいます。第四章の末尾で紹介した吉田の言葉にあったように、うまくいっていない社会をそのままにして、その中で自分が得をすることだけを考えるようになってしまうのです。そして、自分の力を高め、引き出すために道具として改造を使っていたはずが逆転して、自身を改造すること自体が目的になってしまった場合、私たちは改造に依存し、それなしでは生きられなくなってしまいます。

効率を求める市場の論理と自己責任

効率をよくして利益を最大化することが至上とされる社会では、より強いもの、より優れたものがとにかく求められ、弱者は無駄なもの、足を引っ張るものとして排除されます。チャレンジは自由。どんな夢を持ち、どんな目標を立てるのも自由で、誰にも強制はされない。成功すれば強者の側に立てる。しかし、失敗した場合、それは自己責任なので、誰も助けてはくれない。敗者は弱者だ。他者からの助けが期待できない以上、私たちは自分自身で自分を強化、改造することで、成功をつかみ取り、失敗を避けていくしかありません。

　ここでも良い方向に働く場合、介入を通じてその社会の中で必要な力を必要なだけ身に付け、リスクを減らしながら選択の幅を広げ、自分のしたいことを実現したり、弱者を助けたりすることができるようになるでしょう。スマートドラッグや遺伝子操作によってより社会を発展させるというプロジェクトはそうした未来を夢見るものと言えますし、ドーピング解禁派が目指したのはそうした方向性でした。医師の管理によって、健康上の危険を避けつつ、人体の限界に挑戦して勝利を目指す、それが真のスポーツの姿だと彼らは考えていました。

　他方、良くない方向に働く場合には、強制と分断の問題が生じます。軍拡競争という比喩がありますが、相手が改造を通じて利益を得た場合、対抗して改造を行わない限り、こちらは損するばかりです。負けた結果を自己責任として押しつけられるのを避けるために、私たちは相手を蹴落とそうとして、際限ないエンハンスメント合戦の泥沼に入り込んでいくことになります。そして勝った側は最終的には強者として弱者を見下し、排斥するようになり、両者の間には深い分断が生じてしまうでしょう。それは新たな優生思想を誕生させることになりかねません。

コントロール欲

私たちは誰しも自分で自分のことをコントロールしたいという自律の欲求をもちます。身体は自分のものでありながら、完全には自分の思うようにならないもの。改造というコントロールの手段の登場はその欲求を完全に充たす手段を与えてくれるように見えます。

良い方向に働く場合、改造を通じて、私たちは他人からコントロールされたり、自分の欲望に流されたりせずに、自分のものを自分自身で適切にコントロールすることができるようになるでしょう。感情を上手にチューニングすれば、感情に振り回されることがなくなります。機械化による寿命の延長は死という究極的に他なるものに自分自身の可能性を奪われることへの抵抗であるとも言えます。

他方、良くない方向に働く場合、コントロール欲が暴走し、自分の中に支配できないものがあることが許せない、あらゆるものをコントロールしたいという欲求となってしまいます。そして改造を通じて、自分の欲求のすべてを達成しようとしてしまいます。悲しみや苦しみ、そして死を受け入れることをせずに、それらのすべてをコントロールの対象にしようとすると、どこまでいっても何にも満足できなくなり、結果として人生を不満に満ちたものにしてしまうかもしれません。

社会全体が変わっていかなければならない

以上、それぞれに良い方向に働く場合と良くない方向に働く場合を併記してきましたが、実際には私たちの選択は社会の状況によってはどちらかの方向に誘導されがちです。

社会の中に閉塞感が高まり、過剰な成果主義と効率化のシステムが浸透し、共助の精神が薄れて自己責任の風潮が強まり、コントロール欲を刺激する製品や広告が市場に溢れれば、私たちの選択は否応なしに良くない方向に転がってしまい、それに抵抗することには非常な困難が伴います。それらに流されずに良い方向に向かえる人は素晴らしい人であるとしても、すべての人にそのような強靭《きょうじん》な意志を求めることはときに、非常に厳しいものです。良くない仕方で改変に進む個人を非難することだけでなく、人々をそのように仕向ける社会そのものにも、私たちは目を向けていかなければならないでしょう。

逆に、人々がおおらかな気持ちで、効率に縛られずにのびのびと暮らし、お互いの失敗を補いあい、自他のコントロールできないものを受け入れられるような、そういう社会であるならば、より良い方向でのエンハンスメントを期待できるかもしれません。

それでは社会が発展しない、やはり競争や現状に満足しない向上心によってこそ社会は良くなってきたのだ、という意見もあるでしょう。それは一理あると言えますし、そうした向上心や競争の成果が個人の幸福につながっている面があるというのは間違いありません。ですから私たちは、結局の所、効率しか求めないような社会と、効率をまったく度外視する社会という両方の極端を避けて、自分の身体の変更を楽しむ人も、生身の身体にこだわる人も、あるいはそもそも身体に関心をもたない人も、誰もが過度に責任を問われることなく穏やかに生きられるような社会を目指さなければならないのではないでしょうか。

もちろん、それは簡単なことではありません。しかし、だからといって全員を強制的に善人にしてそのような社会を達成しようとすることには、無視できない大きなリスクがともなう、というのは本書で見た通りです。だとすれば、結局の所、時間はかかりますが、一人一人の毎日の行動の積み重ねの中から少しずつ世界を変えていくしかありません。人の外見をとやかく言わない、普通ではない不自然といって異質なもの・分からないものを排斥しない、タイプや属性で決めつけるのではなく個人を見る、勝利や成功以外の楽しみを意識する、など、学校や職場での生活の中で気をつけることで変えていけるものもたくさんあります。本文で紹介した倫理学の重要な考え方もきっと役に立つはずです。そうした一つ一つの小さな選択を積み重ねる中で、すべての人が本当に自由に生きられるような社会とはどんな社会か、それぞれに考えてもらえればと思います。

三つの視点

最後に、以上を踏まえて、「はじめに」で述べた三つの視点について、何が言えるかを考えてみたいと思います。三つの視点とは、自分自身がそうした心身への介入を行うかどうかを検討する当事者の視点、家族や友人、同級生のような周りの人がそうした介入を行っているというときに、その人たちとどう向き合うかを検討する周囲の視点、第三に、私たちが共に暮らす社会がどのようなものであるべきかを検討する社会の視点という三つでした。

当事者として自分自身の心身に介入を行う場合、もっとも重要なことはそれが本当に自分自身の幸福につながるものだろうか、ということでしょう。私たちの選択は容易に周囲に影響されます。第一章で述べたように、これは本当に私自身がしたいことなのか、をできる限りで構わないので、時間をかけてゆっくりと考えてみて欲しいと思います。

そしてその際、その選択の社会的影響についても、少しだけ考えてみてください。あなたが、他人なんて関係ない、自分さえ幸福になれればいいと考えるなら、相手も同じように考えるでしょう。そうすると、誰もお互いのことを尊重せず、自分勝手な強者だけが勝つ社会になってしまいます。

もちろん、あなたがたった一人だけで大事なものを犠牲にする必要はありません。ですが、そこまで犠牲が大きくないのなら、少しだけ周りのことを見てみてほしいと思います。それはあなたと同じような状況に置かれた人を勇気づけることにもなるでしょう（あるいはあなたが勇気づけられることもあるでしょう）。

介入を行っている人の周囲の視点について言えば、まず避けるべきは無理解や決めつけに基づく不当な干渉です。もちろん、介入が明らかに相手の幸福に反している場合には、助言を試みることも必要になるでしょうが、まずは自分の側を省みることが大事です。自分の見慣れないものや気に入らないものについて、私たちは事実を歪《ゆが》め、偽物とか価値がないものと捉えてしまいがちです。相手のことをカテゴリーやタイプではなく一人一人の個人と見て理解しようとすることや（それには長い時間がかかります）、その介入技術そのものについての理解を深めること、それによって「あなたは何も分かっていない、いいからこうしなさい」という過干渉でもなければ、「したいなら勝手にすればいいんじゃない」という無関心でもない、ちょうどいい向き合い方を探してみてほしいと思います。相手が幸福になれるかどうかは、あなたや周囲の人との関係にも依存しているのであり、同時にそれはあなたと周囲の人自身の幸福にも返ってくるものなのです。

また、第一、第二の視点に共通することとして、「真正さ」を狭く取り過ぎること、強調しすぎることで、自分や当事者を追い詰めない、ということも挙げられるかもしれません。この本では「本当の」「本物の」「真の」「自然な」「実力」といった「真正さ」に近い言葉をとりあげてきましたが、これらは介入技術の力を借りながらも必死で努力して幸福を目指す人を蹴落とし、その努力を貶しめるために使われがちです。介入後の心身について、「それは本物じゃない、自然じゃない、真の努力をしていない」といった形です。しかし、そのような見下しは本書で強調している個人を見ることとは逆行しています。それを踏まえるなら、誰かを排除するために真正さを狭くとって本物かどうかを上から目線で判定するのではなく、それでも大丈夫だよ、偽物なんかじゃないよ、と元気づけるために、真正さという概念は使ってほしいと思います。

そして、三つ目の社会の視点については、最終的に介入を行っている人と、行っていない人、誰もが幸福に生きられる社会を目指すことを諦めないでほしいと思います。心身への介入はそれが強力であればあるほど、介入前と介入後の間にギャップが生じてしまいがちです。

歴史を振り返ってみるなら、そのギャップを超えた人を人々は不道徳、病者、異常とみなしてきました。他方、ギャップを超えた側にも、自分を強者としてそれ以外の人々を弱者とみなしてしまうことが懸念されています。そうなると、お互いにぎすぎすした息苦しい関係の中で誰もが生きなければならなくなってしまいます。

選択と寛容

どうしてそのような軋轢《あつれき》が生じてしまうのでしょうか。一つには、「選択」というものがもつ特性がそうさせているというところがあります。選択とは、AとBを比較して、Bの方がより良いからBを選ぶ、という行為です。

たとえば、進学先について、麻藤さんという人がA大学とB大学を比較して、B大学に入学したとしましょう。ここで、麻藤さんの一つ年上でA大学に通っている友人に茅代さんという人がいたとします。このとき、直接そうと言われなくても、茅代さんは自分のA大学はB大学より劣っていると言われたような気がして少し嫌な気持ちになるかもしれません。しかも、内心では、自分もB大学に行きたかったのに諸々の事情でA大学に行っている場合には、嫉妬の気持ちも抱くかもしれません。麻藤さんも麻藤さんでB大学に通う中で、自分が選ばなかったA大学に通っている茅代さんを実際に見下すようになってしまうかもしれません。そうすると、麻藤さんと茅代さんの間には決定的な亀裂が入ってしまうでしょう。

本書で扱ってきたような心身の問題などの場合、特にこのような問題が生じやすくなります。というのは、身体と心は誰もが持っているものだからです。誰かが心身をAからBに造り変えると、Aを持っている自分が否定されたような気持ちになるのです。そうすると、自分もBにしなければならないのではないかと強迫観念に駆られてしまったり、AはBよりも劣ってなどいないと示そうとして相手を攻撃したりしてしまいます。そして、自分もBを手に入れたなら、今度はまだAを持ったままの人を見下してしまいます。特に、Bが苦労して手に入れたものであればあるほど、相手は怠慢だからAのままなのだ、と考えてしまいます。そうして見下された人は、また同じように強迫観念に駆られてしまいます。

どうすれば、このような負の連鎖を引き起こさずにいられるでしょうか。もちろん、個人の心がけもあるでしょう。最初にBを得た麻藤さんは、自分は茅代さんのAを否定するのではない、ということを明確に示す。Aのままの茅代さんも、自分が否定されているわけではないのだ、と自分に言い聞かせる。あるいは、自分は自分、他人は関係ない、という強い心を持つ。それはもちろん大切なことです。とはいえ、それだけでは限界があります。

そこで必要なものの一つは、問題を二人の間だけのことにしない、ということのように思います。すなわち、世界には麻藤さんと茅代さんの二人しかいないわけではなく、茅代さん以外にもAを持っている人、麻藤さんとは違って何ならCやD、SやZ、全然違う記号を選び、それぞれに楽しく生きている人がいるということ、そして世界はすべての人を変わらず受け入れるというメッセージを伝えていくことだと思います。

美容整形手術を受けた人も、受けていない人も、身体を機械化した人も、していない人も、性別適合手術を受けた人も、受けていない人も、いずれも等しく肯定され、居場所をもっているし、もつことができる、そのようなものとしてこの世界はあるのだ、ということを何よりもまずはっきりさせることです。それを本当に実感できれば、麻藤さんの選択だけに囚われて自分を否定することなく、茅代さんもまた自分を肯定できるかもしれません。そして、その実感をもたらすためには、選択に直面している当事者だけでなく、周囲の人たちが実際にそのような世界を作ろうとしているのでなければなりません。その意味でも、第一、第二の視点と同様に第三の視点は重要なのです。

もちろん個別の問題として、本書で見てきたような介入の是非は考えていかなければなりません。個々の介入がもたらす結果によっては、介入の仕方を制約するルールを作ることも必要になるでしょう。しかし、それでも「どんな人でもいてよいのだ」ということ、それも「（いようがいまいが）どうでもいい」という無関心な寛容ではなく、ともに幸福を目指せるようにお互いを認め合うこと、それをスタート地点に置いた社会を目指すということを諦めないでもらえればと思います。新しい技術が新しい社会を作るのと同じように、皆さん一人ひとりの考えもまた社会を作っています。そのために、三つ目の社会の視点についてどのようなことが言えるか、どうか一緒に考えてみてもらえればと思います。

あとがき

本書は、エンハンスメントと呼ばれる心身への増進的介入とその周辺技術をめぐる倫理的諸論点について、紹介したものです。各章はこれまで筆者が発表した以下の論考をベースにしつつ、ほぼ全面的に書き下ろしたものです。

第一章：「私たちの身体と性とエンハンスメント：美容整形をめぐって」藤田尚志・宮野真生子編『愛・性・家族の哲学②　性　自分の身体ってなんだろう？』所収、ナカニシヤ出版、七六―一〇七頁、二〇一六年

第二章：「スポーツにおけるドーピングの悪さについて」関西倫理学会編『倫理学研究』五〇号、一八―三二頁、二〇二〇年

第四章：「功利主義的観点から見た認知的エンハンスメント」日本医学哲学・倫理学会編『医学哲学・医学倫理』第二七号、二三―三二頁、二〇〇九年

第五章：「気分明朗剤と快楽主義」北海道大学大学院文学研究科応用倫理研究教育セン

ター編『応用倫理』第三号、四五-六二頁、二〇一〇年
「性格のエンハンスメントの倫理的問題点について」医学哲学・倫理学会編『医学哲学・医学倫理』第三〇号、二〇-二九頁、二〇一二年
第八章：“Two Thesis of Moral Enhancement” in *Applied Ethics: Risk, Justice and Liberty*, Center for Applied Ethics and Philosophy, pp. 13-24, 二〇一三

私がエンハンスメントの研究をはじめたのは北海道大学の博士課程一年目のことです。修士課程までは、ひたすらR・M・ヘアという倫理学者のメタ倫理学・規範倫理学理論の研究をしてきて、ともすれば理論が現実から乖離してしまっているのではないかという恐れが自分の中でありました（ヘアも現実の問題を扱わない奴は倫理学研究者の看板を下ろせと言っています）。折しも応用倫理学についての国際会議が北大で開かれるということもあって、理論の応用として、当時、少しずつ注目を集めつつあったエンハンスメントの勉強を始めてみたのです。

なかでもエンハンスメントを選んだのは、これならあまり苦しい話を扱わなくてすむのではないかという脳天気な考えからでした。というのも、当時の応用倫理学の中で議論されて

いたことは、生命倫理学に顕著なように、人の生死にかかわることなど非常に重く苦しい問題が多く、それらを研究対象にするのは辛いぞ、という気持ちがありました。それに対して、エンハンスメントはまだ実用化されていない技術を扱っていることに加えて、「すでに良いものをより良くする」というスローガンからして、そんなに苦しい話にはならないのではないか、と思ったのです。

しかし、研究を始めてみると、そんなわけはないことがすぐに判明しました。本文中でも示してきましたが、ここにも様々な人たちの生きづらさ、生きにくさにかかわるようなタフな問題が山積みでした。以来、十数年にわたって、様々な角度からエンハンスメントについて考えてきた成果が本書となっています。

この間、いろいろな先生方から多くのことを学ばせていただきました。北大での指導教員だった蔵田伸雄先生、先輩の村上友一さん、同輩の池田誠さんと重ねたたくさんの議論は、本書の原点になっています。また、龍谷大学で菊地建至さんの授業をお手伝いさせていただいた経験も大きいもので、第二章の冒頭の問いはもともと菊地さんが案出されたものです。その他、二〇一〇年にオックスフォード大学に留学して、エンハンスメント研究で名を知られたジュリアン・サバレスクさんとさまざまな議論を行うことができたこともありがたいことでした。

　実際の本書の執筆にあたっては、龍谷大学、熊本大学、福岡大学、九州産業大学、専修大学などで担当した授業と、そこでの学生さんとのやり取りの影響がとても大きいです。すでに美容整形に少なからぬお金をかけてきたという学生さん、性別適合手術を受けようかと悩んでいた学生さん、家庭教師からスマートドラッグの服用を勧められた学生さんなど、いろいろな学生さんたちとお話しさせてもらったことは、本書の執筆内容を強く方向付けています。受講してくださった全ての学生さんに感謝します。

　内容については、金沢医科大学で多様なものの共生や社会参加等の研究をされている菊地建至さんに全体のチェックをしていただき、筆者の気づかないところまで様々なアドバイスをいただきました。早稲田大学でクィアスタディーズを中心とした社会学を専門にされている森山至貴さんには、特に第六章に関して専門家の見地から適切な助言をたくさんいただきました。三重大学でメタ倫理学を研究されている安倍里美さんには厳しくも誠実で真っ当な指摘を多数いただきました。熊本大学の大学院に所属している松﨑千香さんには大学院生の立場から文章の理解しやすさなどを確認していただき、多くの難解な文章を減らすヒントをいただきました。弟にはアカデミック業界の外から、法律上の事実に関する指摘をはじめ、率直な意見をいただきました。この場を借りて皆さんに心からの感謝を申し上げるとともに、本書の内容についての誤りはすべて筆者の責任であることをお断りしておきたいと思います。

本書の出版にあたっては、筑摩書房の平野洋子さんに最初に声をかけていただき、途中からは橋本陽介さんに担当をしていただきました。こういう本を出したいんです！　という平野さんの情熱と、私の散漫な文章を一冊の本へと整えてくださった橋本さんの切れ味鋭い指摘なくしては、本書は完成しませんでした。お二方に心からのお礼を申し上げます。

倫理の問題はどう考えても、どう答えても、本当にこれでいいんだろうか、と心の中にモヤモヤが残ります。モヤモヤし続けることは不快です。それでも、そのモヤモヤをなかったことにしないことはとても大事なことです。それは他者の声を聞くことであり、自分の声を聞くことです。倫理的に良くあるとは、正解を出すこと以上に、そうした声に対して誠実であらんとすることに存していると私は思っています。

美容整形を受けたことがあるという学生さんの一人は「こんなに話を聞いてもらったのは初めてだ」と言っていました。私たちは、きちんと相手の話を聞き、相手のことを理解しようとすることなく、印象的で極端な事例をもとに、先入観をもって他人のことを判断しがちです。相手が自分自身とは違っていればいるほど、その傾向は強まります。自分が分からないものを、こうに違いない、と決めつけることで、分かったことにして安心したくなります。私自身もそうです。この本が、そこから一緒に一歩踏み出すためのきっかけになることを心から願っています。

注

1　このことに関連して、倫理学はしばしば三つの領域に分かれると言われています。現実に何が差別にあたるのかなどを考える応用倫理学の領域。差別はどのような根拠で悪いと言えるのか、何かが悪いと言えるのはどういうときか、などを考える規範倫理学の領域。そもそも悪いとはどういう意味でなぜ悪いことをしてはいけないのか、などを考えるメタ倫理学の領域。この三つは常に綺麗《きれい》に区別されるというわけではありませんが、本書は基本的には応用倫理学を考えるものです。

2　エンハンスメントを体系的に扱った書籍としてはレオン・R・カス編著『治療を超えて：バイオテクノロジーと幸福の追求　大統領生命倫理評議会報告書』（青木書店、二〇〇五）が古典です。

3　美容整形の歴史についてはエリザベス・ハイケン『プラスチック・ビューティー：美容整形の文化史』（平凡社、一九九九）に詳しく記述されており、本章の記述もそれを参考にしています。

4　ハイケン『プラスチック・ビューティー：美容整形の文化史』五四頁

5　同五六頁

6　他方で、大きなあざなど、簡単には解決できない外見上の問題と向き合う仕方を考えるために、「ユニーク・フェイス」という当事者運動も近年では生まれています（岩井建樹『この顔と生きるということ』〔朝日新聞出版、二〇一九〕など）。

7　ISAPS "Global Survey Results 2019" より。

8　日本美容外科学会「第3回全国美容医療実態調査」より。以下、本節での日本のデータは同調査によります。

9　谷本奈穂『美容整形と化粧の社会学：プラスティックな身体』（新曜社、二〇〇八）、『美容整形というコミュニ

ケーション』（花伝社、二〇一八）

10 キャサリン・ハキム『エロティック・キャピタル：すべてが手に入る自分磨き』（共同通信社、二〇一二）、小林盾『美容資本：なぜ人は見た目に投資するのか』（勁草書房、二〇二〇）など。

11 ナオミ・ウルフは『美の陰謀：女たちの見えない敵』（TBSブリタニカ、一九九四）で、この点を詳細に論じています。

12 『美容整形というコミュニケーション』一四九頁

13 「「整形を隠さない」人は、なんと8割。20～30代女性の美容意識を調査」（二〇一九）
https://musee-marketing.com/topic/plasticsurgery/

14 A・クチンスキー『ビューティー・ジャンキー：美と若さを求めて暴走する整形中毒者たち』（バジリコ、二〇〇八）三六二頁

15 もっとも、孔子が毀傷として想定していたのは、刑罰としての刺青《いれずみ》などを入れられることであるという考え方もあります。

16 纏足とは主に中国で見られた風習で、幼少期から布できつく縛ることで女性の足を変形させ、小さくするもの。コルセットは主にヨーロッパで見られたウエストラインを覆う装具で、腰を細く見せるものでしたが、近代にはあまりにきつく縛り上げて装着したため、しばしば肋骨《ろっこつ》の変形や内臓の損傷を招きました。

17 谷本奈穂『美容整形というコミュニケーション』

18 この点に関しては、フェミニズムの中に多くの議論の蓄積があります。特に女性らしさとフェミニズムの難しい関係については高橋幸著『フェミニズムはもういらない、と彼女は言うけれど：ポストフェミニズムと「女らしさ」のゆくえ』（晃洋書房、二〇二〇）も読んでみてください。男性の外見にかかわることとしては、須長史生『ハゲを生きる：外見と男らしさの社会学』（勁草書房、一九九九）は、外見にこだわることなく、堂々と生きることが「男らしい」ことだとされていることを指摘しています。ハゲとからかわれても、外見など気にしない、外見についての

からかいなどに動じない、という堂々とした姿勢を示せなければ、それは「男らしくない」とされてしまいます。近年では男性の化粧も市民権を得つつあると思いますが、まだまだこうした「男らしさ」の価値観は根強いため、男性の美容整形の件数は少ないのかもしれません。

19　皮肉なことに、全員が同じ顔になってしまえばルッキズムは消滅します。全員が美しいので美醜で差別されることはなくなるのです。そのような社会を描いたSF作品にテッド・チャンの小説「顔の美醜について」(『あなたの人生の物語』[早川書房、二〇〇三] 所収) があります。そこでは、顔の美醜が分からなくなる装置を全員がつけることで、美貌による差別が回避されています。

20　井上雅人『ファッションの哲学』(ミネルヴァ書房、二〇一九) 一一六―一一七頁

21　ただし、(3) の人工物をめぐる論点はもう少し掘り下げることができます。それは批判の方で言われている人工物と、応答で言われている人工物が少しずれている可能性があるからです。批判する側が指摘しているのは、自分の身体が他人の作品になってしまうのではないか、という危険性だと考えることができます。大規模な手術を通じて私の顔のほとんどが医師によって作り出されたものに作りかえられたとき、その顔はまだ「私の」顔なのでしょうか。それとも「医師の」作品でしょうか。この点は次章でも再度取り上げます。

22　医療ジャーナリストの大竹は、できれば、三カ所以上のクリニックに意見を聞くことが望ましいと述べ、多少、お金がかかるとしても定評のあるところを選んだ方がいいとしています。大竹奉一『美容格差時代：進化する美容医療、その光と影』(ディスカヴァー携書、二〇一七)

23　磯野真穂『ダイエット幻想：やせること、愛されること』(ちくまプリマー新書、二〇一九) 四九頁

24　それ以前のスポーツは、たとえば貴族が余暇に行うものであり、そこでは必死に練習して相手を負かすことはむしろマナー違反とされることもありました。レイモン・トマ『スポーツの歴史：新版』(白水社、一九九三) などが参考になります。

25　自転車競技でのドーピングについては、自身も選手でありドーピングも行っていたタイラー・ハミルトンの『シ

ークレット・レース』（小学館、二〇一三）が非常に面白い読み物になっています。
26　特に、抜き打ち検査を行う必要から、WADAはトップアスリートらに居場所を常に教えるように求めていますが、これはプライバシーの侵害ではないかという議論があります。
27　β遮断薬は音楽の演奏会などでも使われることがあります。
28　マイケル・サンデル『完全な人間を目指さなくてもよい理由：遺伝子操作とエンハンスメントの倫理』（ナカニシヤ出版、二〇一〇）
29　実のところ、美容整形をめぐる論点の背後にも公平さの問題があるのではないかという指摘はあります。誰もが与えられた容姿で平等にスタートするという暗黙のルールを破って、お金の力で優れた容姿を手に入れるという要素が、美容整形にもあるのではないか、という考えです。実際、美容整形に否定的な人の中には、「私はこの容姿で我慢しているのにズルいという気持ちがある」とばつが悪そうに述べる人もいます。
30　本書ではあまり取り上げませんでしたが、国家はドーピングの問題にどのように、そしてどれくらい関与すべきか、ということも問題です。この点については、米村幸太郎「ドーピングは禁止すべきか？」（瀧川裕英編『問いかける法哲学』法律文化社、二〇一六）なども参考にしてみてください。
31　なお、ドーピングも含めたスポーツの倫理全般については、川谷茂樹『スポーツ倫理学講義』（ナカニシヤ出版、二〇〇五）、近藤良享『スポーツ倫理　改訂版』（不昧堂出版、二〇一九）などを参考にしてみてください。
32　これによってパーキンソン病などを治療しようとする試みに脳深部刺激療法（DBS）と言われるものがあります。また、第八章で扱う人々の道徳性を向上させる介入の際も、このDBSが使われることがあります。
33　こうした人工臓器の現状については、イブ・ヘロルド『超人類の時代へ：今、医療テクノロジーの最先端で』（ディスカヴァー21、二〇一七）に詳しいです。
34　人工内耳をめぐっては複雑な事情があります。聴覚に障害をもつ人たちは、「ろう文化」と言われる独自の文化を創り上げています。それは聴力のある人たちの文化と比して劣るようなものではなく、手話言語をベースにしたとても豊かなものです。そうした文化を生きる人たちにとっては、耳が聞こえないことは必ずしも悪いことではありませんし、治療すべき障害ではありません。したがって、人工内耳は必ずしも絶対的に良いものと捉えられるわけではありませんし、実際、人工内耳を使用しないろう者の人たちもたくさんいます。ろう文化について知りたい人には、丸山正樹の小説「デフ・ヴォイス」シリーズが読みやすく、お勧めです。

35　こうした人間を超えることを目指す運動を、ポストヒューマニズム、トランスヒューマニズムと言うことがあります。詳しくは第七章を見てください。なお、そのような未来を描いた作品集として『スティーヴ・フィーヴァー　ポストヒューマンSF傑作選』（早川書房、二〇一〇）があります。

36　本節の論点の多くはアンディ・クラーク『生まれながらのサイボーグ：心・テクノロジー・知能の未来』（春秋社、二〇一五）を参考にしています。もっと勉強してみたい人はぜひそちらも読んでみてください。

37　伊藤亜紗『記憶する体』（春秋社、二〇一九）二六八－二六九頁

38　『記憶する体』二七〇頁

39　『ダイエット幻想』一九一頁

40　『ダイエット幻想』一九七－一九八頁

41　日本の職場で女性がかかとの高い靴などを履くよう強制されることに対して抗議した社会運動。単にファッションという面だけでなく、健康問題、女性差別の問題とも結びついています。

42　「米国の平均余命、経済格差がかつてないほど反映」（Business Insider https://www.sankeibiz.jp/compliance/news/160620/cpd1606200500009-n1.htm）

43　倫理学の中では「正義論」の文脈でよくこのことは議論されています。次章での「倫理学の重要な考え方⑥」でも取り上げますが、より詳しくは宇佐美誠・児玉聡・井上彰・松元雅和『正義論：ベーシックスからフロンティアまで』（法律文化社、二〇一九）なども参考にしてください。

44　ＢＭＩ研究者の櫻井芳雄は、ＢＭＩは機械的な装置単独で活用されるよりも、他者の体組織との組み合わせで活

用される可能性も高く、そのために貧しい人々の人体組織が買い取られることになるという可能性を指摘しています。彼は「BMIが実用化されるだけでは、弱者なき社会というユートピアには近づけそうにない。BMIを装着した人もしていない人も、それぞれ快適な生活を送れるような多様な仕組みを提供する社会こそ、めざすべきユートピアなのであろう」と述べています（櫻井芳雄『脳と機械をつないでみたら：BMIから見えてきた』（岩波書店、二〇一三）一八五頁

45　近年の進化生物学は、正義感や公平心、共感能力といったものが、進化の過程でいかにして獲得されてきたかを明らかにしています。ただし、その成果をどのように扱うべきかという点においては、議論があります。一方で、倫理とはそうした生物学的基盤に基礎を置いて説明されるべきだという考え方があります。他方では、生物学によって与えられるのは、人々が倫理をどのように考えているかの説明に過ぎず、倫理をどのように考えるべきか、ということはそれとは別だ、という考え方もあります。倫理学の重要な考え方③も思い出してみてください。

46　ダナ・ハラウェイ『猿と女とサイボーグ：自然の再発明　新装版』（青土社、二〇一七）。高橋透はハラウェイをひきながら、（動物も加えて）こうした混じり合いを避けがたい人間の未来として描きだし、人間・動物・機械の境界がなくなるサイボーグ化を前提としたサイボーグ・エシックスの必要性を主張しています。高橋透『サイボーグ・エシックス』（水声社、二〇〇六）なども参考に。

47　本節の死の害および不死をめぐる議論については、形而上学者の吉沢文武と鈴木生郎の一連の議論を参考にしています。

また、本節では主に個人の観点に集中し、社会的な観点については論じませんでした。しかし、死なない人たちが増えていったときに、この社会はどうなってしまうのか、ということは大きな問題になり得ます。その点も含めて、現代の寿命の延長の問題の整理を広く行った論文として、森岡正博「生延長（life extension）の哲学と生命倫理学：主要文献の論点整理および検討」（『人間科学：大阪府立大学紀要』2、二〇〇七年）があります。本書よりも数多くの論点を丁寧に紹介しているので、不死の問題に関心がある人はぜひ読んでみてください。

48　「不死の望ましさをめぐって：物語的構造と人生の価値」（応用哲学会第五年次研究大会）より。ただし、鈴木は人生の価値は物語的な構造のみによって決まるわけではないので、この点をもってただちに不死が悪いものになるわけではないと述べています。

49　レオン・R・カス編著『治療を超えて：バイオテクノロジーと幸福の追求　大統領生命倫理評議会報告書』（青木書店、二〇〇五）二一七頁

50　退屈にかかわる議論はバーナード・ウィリアムズという哲学者の"The Makropulos Case: Reflections on the Tedium of Immortality"という論文、および彼の議論を紹介、批判した鶴田尚美の「不死と退屈：ウィリアムズの議論から」（『現代社会研究』第一六号、二〇一三、五五－六五頁）における主張を参考にしています。

51　吉沢文武「死によって誰が害を被るのか：剝奪説を批判する」（『哲学の探究』第三六号、二〇〇九、一二九－一四四頁）および、「死と不死と人生の意味：不死性要件をめぐるメッツの議論と不死に関するもう一つの解釈」（『応用倫理』5号、四一－五〇頁）より。引用は前者一四一頁から。

52　日本では従来、人の死は、心停止、呼吸停止、瞳孔反応の消失という三点を基準にしてきました。この三徴候を示したとき、その人は亡くなったと医学的に判定されます。

　とはいえ、この三徴候は絶対的な基準ではありません。一九世紀まではしばしば心停止と呼吸停止の二徴候で死は判定されていました。細胞レベルで見るならば三徴候を示した後も、個々の細胞は少しの間は活動を続け、やがて最終的に活動を停止します。また、たとえばインドネシアのトラジャ族などに見られるように、途中で肉体の活動が停止しても、一連の魂を送る儀式が終了して初めてその人は死を迎えたと捉える文化も存在します。この場合、たとえ三徴候を示していたとしても、その人はまだ生きていると考えられています。

　さらに、日本では一九九〇年代には臓器移植法の成立にともなって、脳死を人の死とするかどうかが議論されました。脳死とは基本的に脳幹の機能が停止していることを指します。まだ心臓が動いていても、完全な脳死状態になると意識を取り戻すことはないとされます。多くの場合はやがて心停止に至るのですが、心臓が動いているうちは、血

もめぐっており、体温もあり、体が動くことさえあります。そのため、本当に脳死を人の死とみなしてよいかどうか、ということについて激しい議論が繰り広げられました。いずれにしても、どの時点をもって人が死んだとみなすかは、医療技術、社会状況等さまざまな人間の都合によって決められているのであり、何か絶対的な基準があるわけではないのです。

53 鷲田清一『ちぐはぐな身体：ファッションって何？』（ちくま文庫、二〇〇五）など

54 アンディ・クラーク『生まれながらのサイボーグ：心・テクノロジー・知能の未来』（春秋社、二〇一五）

55 注意欠陥多動性障害（ADHD）は、「不注意」と「多動・衝動性」を主な特徴とする発達障害の概念のひとつです。学習障害（LD）は読み書き能力や計算力などの算数機能に関する、特異的な発達障害のひとつです。（いずれも、厚生労働省　e－ヘルスネットより）

56 うつ病とは「憂うつである」「気分が落ち込んでいる」といった抑うつ気分が非常に強く重症である状態。心因性、身体因性、内因性、外因性など、原因はさまざまです。（厚生労働省「みんなのメンタルヘルス」より）。ナルコレプシーとは、日中に突然強い眠気が出現して、眠り込んでしまう病気（厚生労働省　e－ヘルスネットより）。

57 医師法において、医師は診察なしに処方箋を交付してはならないとされています。また薬事法において、処方箋医薬品は処方箋を交付されたもの以外には売ってはならないと定められています。いずれも、背いた場合、罰金が科されます。

58 平等についてもっとしっかりと勉強してみたい人は、少し難しいですが、広瀬巌『平等主義基本論文集』（勁草書房、二〇一八）なども読んでみてください。

59 類似した問題は、自動運転車においても起きています。すなわち、自動運転車が導入されることによって、人為的な運転ミスによる交通事故は減る一方、機械の誤作動による事故が生じます。自動運転車導入前よりも事故の総数は減るとしても、私たちはそのような機械による事故の発生を受け入れられるか、という問題です。

60 坂口安吾「反スタイルの記」

61 知的障害をもった主人公が手術を受け、IQを高めることで起きたさまざまな出来事を描いた、ダニエル・キイスの小説。日本でも二度ドラマ化されています。

62 吉田敬「認知的エンハンスメントと公平性」(『エンハンスメント・社会・人間性』所収)三五頁。なお、この冊子は、東京大学の研究グループが発行したもので、認知的エンハンスメント以外にも、さまざまな増強の事例について倫理的な検討が行われています。

63 同書三五－三六頁

64 この辺りの記述はエレーヌ・フォックス『脳科学は人格を変えられるか』(文藝春秋、二〇一七)などを参考にしています。

65 感情とは何かについて、哲学方面から考えるための優れた入門書として源河亨『感情の哲学入門講義』(慶應義塾大学出版会、二〇二一)があります。

66 ピーター・クレイマー『驚異の脳内薬品：鬱《うつ》に勝つ「超特効薬」』(同朋舎、一九九七)

67 森岡正博『無痛文明論』(トランスビュー、二〇〇三)三三頁

68 同書二一三頁

69 A. Buchanan *Beyond Humanity?: The Ethics Of Biomedical Enhancement* (Oxford University Press 2013)

70 バランスアプローチは、ドーピング肯定派の主張でも用いられていました。すなわち、ドーピングを一律に禁止するのではなく、医師の診断を通じて、適切なドーピングとそうでないものを区別し、不平等と不健康につながるリスクを減らす、ということです。

71 このことをより哲学的な観点から探究した著作としてL・A・ポールの『今夜ヴァンパイアになる前に：分析的実存哲学入門』(名古屋大学出版会、二〇一七)があります。ヴァンパイアになって人間としての感覚、認識、考え方を失うケースの他に、マイクロチップを埋め込んで好みががらっと変わってしまう場合など、さまざまな変容の事例が扱われています。

72 本章の記述は森山至貴『ＬＧＢＴを読みとく：クィア・スタディーズ入門』（ちくま新書、二〇一七）などを参考にしています。

73 「性同一性障害を「精神障害」の分類から除外へ ＷＨＯ」
https://www.nhk.or.jp/d-navi/sci_cul/2019/05/news/news_190526-4/

74 こうした脱病理化、脱アイデンティティ化については、石井由香理『トランスジェンダーと現代社会』（明石書店、二〇一八）で論じられています。

75 この部分は野宮亜紀・針間克己・大島俊之・原科孝雄・虎井まさ衛・内島豊『性同一性障害って何？ 増補改訂版』（緑風出版、二〇一一）「Q17 体の性別を変えるのではなく、心の性別を変えたほうがよいのでは？」を参考にしています。

76 吉野靫『誰かの理想を生きられはしない：とり残された者のためのトランスジェンダー史』（青土社、二〇二〇）一〇一頁。吉野は、性別の二分法を前提しながら「トランスジェンダーとはこのような人たちだ」というイメージが社会の中で当事者の考えを無視して形成され、それに基づいて規範が生み出されていくことを強く批判しています。

77 『誰かの理想を生きられはしない：とり残された者のためのトランスジェンダー史』一〇二頁

78 これは倫理学においてその点を論じることはできないということではなく、目下の文脈ではその点を焦点化して論じることが適切とは思われないということです。

79 なお、日本でも養育里親制度によって同性カップルが子供を育てることは可能ですが、特別養子縁組は養親が結婚していることが条件となっているため、こちらは利用できません。

80 筆者の所属する大学では、二〇二〇年から学生証における性別の表記が廃止されました。

81 『誰かの理想を生きられはしない：とり残された者のためのトランスジェンダー史』四二頁

82 「ミスジェンダリング」という形での差別もあります。これは相手の性自認とは違う性別で相手を扱うことで、先に挙げたリーラさんの両親もこれを行っていました。これは意識的になされることが多いのですが、無意識のケースも少なくありません。トランス女性を「彼」、トランス男性を「彼女」と呼ぶことや、改名前の名前で呼び続けることも含まれます。この場合、シスジェンダーの人々はトランス女性を「女性になった男性」と見なす傾向、トランス男性を「男性になった女性」と見なす傾向があります。これもまた、当人の自己理解を無視した決めつけになります。

83 「大阪市民の働き方と暮らしの多様性と共生にかんするアンケート」より。

84 ホモソーシャルな社会と女性蔑視（ミソジニー）の関係については、オーストラリアの哲学者ケイト・マンの『ひれふせ、女たち：ミソジニーの論理』（慶應義塾大学出版会、二〇一九）が勉強になります。

85 本章では、スポーツと就学を主に取り上げましたが、職場での環境作りを示したものとして東優子、虹色ダイバーシティ、ReBit著『トランスジェンダーと職場環境ハンドブック：誰もが働きやすい職場づくり』（日本能率協会マネジメントセンター、二〇一八）があります。具体的な支援の仕方や制度作りの他、実際にJALやNTTといった大企業がどのような対応を行っているかも掲載されています。

86 類似した問題に、義足で健常者よりもよい成績を残した選手に、パラリンピックではなくオリンピックへの出場を認めるか、というものがあります。

87 日本スポーツ協会は、二〇二〇年、選手だけでなく、指導者や競技団体に向けて『体育・スポーツにおける多様な性のあり方ガイドライン：性的指向・性自認（ＳＯＧＩ）に関する理解を深めるために』というハンドブックを作成した他、定期的に研修会を行っています。

88 朝日新聞DIGITAL「トランス女性ＯＫ、深化する女子大　課題はハラスメント」https://digital.asahi.com/articles/ASN8F33X4N4JUTIL02B.html

なお、この記事で指摘されるハラスメントとは、トランス女性が「周囲の理解のなさから手術の有無や性的な話を聞かれたりするだけでなく、安易に胸を触られたりすることが少なくない」ということを指しています。

89　「違いはあって当たり前。お茶の水女子大学に根付くダイバーシティ・インクルージョン」
https://cococolor.jp/ochanomizu.univ
90　「トランス女性OK、深化する女子大　課題はハラスメント」
91　「トランス女性OK、深化する女子大　課題はハラスメント」
92　公衆トイレを巡る当事者の発信として、たとえば遠藤まめた『ひとりひとりの「性」を大切にする社会へ』（新日本出版社、二〇二〇）の中には、海外や日本のトイレ事情についての文章があります。トランスジェンダーの人の生活を知る上でもとても優れた著作です。
93　朝日新聞DIGITAL「ネットで広がるトランスジェンダー女性差別、背景に何が」
https://digital.asahi.com/articles/ASN9G44QLN92PTFC019.html
94　W・シッフェルス「まるでコロンブス　船出はしたけれど」B・カンプラート、W・シッフェルス編著『偽りの肉体：性転換のすべて』（信山社出版、一九九八）
95　田中玲『トランスジェンダー・フェミニズム』（インパクト出版会、二〇〇六）五五頁。田中はFTMTX（生物学的女性と定義され、身体的には男性に見える形にトランスしたが、どちらでもない性別として生きる道を選んだトランスジェンダー）のフリーランスライターとして様々なセクシュアリティをもつ人々を支援する活動を行っている。
96　西條玲奈「シス特権とトランス嫌悪言説の分析：ジェンダー帰属の通時的固定性とジェンダー規範批判」（『メタフュシカ：the journal of philosophy and ethics』二〇二〇）
97　シッフェルス「男が女になるということ」B・カンプラート、W・シッフェルス編著『偽りの肉体：性転換のすべて』（信山社出版、一九九八）
98　何度か引用した『記憶する体』の著者である伊藤亜紗は『手の倫理』（講談社、二〇二〇）において、「さわる」と「ふれる」を区別し、お互いの信頼関係に基づく「ふれる」関係を重視した上で、相手のすべてにふれることはできない、相手には分からない部分がある、その意外性に敬意をもつことが重要だと述べています。

99『誰かの理想を生きられはしない：とり残された者のためのトランスジェンダー史』一八二頁

100 優生学の歴史については、以下の書籍によくまとめられています。米本昌平・松原洋子・橳島次郎・市野川容孝『優生学と人間社会：生命科学の世紀はどこへ向かうのか』（講談社現代新書、二〇〇〇）

101 皆さんの中には劣っている、優れているということはなくても、「人種」自体はあると思った人がいるかもしれません。しかし、そもそも「人種」という概念によって人類を区別すること自体、科学的には何の根拠も持ちません。ほとんどの場合、人種の違いというのは、政治的・経済的な事情を背景にして、意図的に社会的に作り出された区別です。人種も含めて、さまざまな分断について哲学から論じた以下の著作もおすすめです。小手川正二郎『現実を解きほぐすための哲学』（トランスビュー、二〇二〇）。

102 この論点を掘り下げた著作として桜井徹『リベラル優生主義と正義』（ナカニシヤ出版、二〇〇七）などがあります。

103 ゲノム編集の事例についてもっと知りたい人は、NHK「ゲノム編集」取材班『ゲノム編集の衝撃：「神の領域」に迫るテクノロジー』（NHK出版、二〇一六）、青野由利『ゲノム編集の光と闇：人類の未来に何をもたらすか』（ちくま新書、二〇一九）などを読んでみてください。

104 石井哲也『ゲノム編集を問う：作物からヒトまで』（岩波新書、二〇一七）一六九頁。石井は健康被害のリスクと、子の同意不在という二つの側面から、親が子の遺伝子を操作することには慎重であるべきという主張を行っています。

105 日本トランスヒューマニスト協会　公式ウェブサイトより

106「『ヒト受精卵改変は危険』ゲノム編集技術発見者に聞く」（朝日新聞二〇一六年七月一四日）

107 この強い議論は、主にイングマル・ピアソンとジュリアン・サバレスクという哲学者が提案したものをかみ砕いたものです（*Unfit for the Future : The Need for Moral Enhancement*（Oxford University Press 2012））。サバレスクの議論を丁寧に紹介した上で、その是非を検討した日本語の論文としては以下のものがあります。森岡正博「道徳性の生物学的エンハンスメントはなぜ受け容れがたいのか：サヴァレスキュを批判する」『現代生命哲学研究』（第二号、二〇一三）、髙木裕貴「道徳的エンハンスメントの道徳的問題：ピアソンとサバレスキュの立論に即して」（『医学哲学・医学倫理』第三八号、二〇二〇）、森下直貴「モラル・バイオエンハンスメント批判：「モラル向上のために脳に介入すること」をめぐって」（森下直貴編『生命と科学技術の倫理学：デジタル時代の身体・脳・心・社会』（丸善出版、二〇一六、九〇－一一一頁）。

108　近年では強制と放任の中間のようなものとしてナッジという手法も注目されています。ナッジとは「そっとつつく」といった意味ですが、たとえば肥満対策を行うときに、強制的なカロリー制限を行うのではなく、フライドポテトよりもサラダを少し取りやすいところに置くことで、自発的にサラダを多く食べてもらう、といったやり方です。同じように、人が善行をしやすい環境を作って、そっと誘導する、ということができれば、強制までしなくても済むかもしれません。那須耕介・橋本努『ナッジ!?：自由でおせっかいなリバタリアン・パターナリズム』（勁草書房、二〇二〇）などが参考になります。

109　この五条件はイギリスの哲学者トム・ダグラスが提示したものを少し改変したものです。Thomas Douglas "Moral Enhancement" (Journal of Applied Philosophy 2008)

110　森岡正博「道徳性の生物学的エンハンスメントはなぜ受け容れがたいのか：サヴァレスキュを批判する」『現代生命哲学研究』（第二号、二〇一三、一一一頁）

参考文献

はじめに

レオン・R・カス編著、倉持武訳『治療を超えて：バイオテクノロジーと幸福の追求　大統領生命倫理評議会報告書』（青木書店、二〇〇五）

第一章　容姿を整える――美容整形の倫理を考える

エリザベス・ハイケン著、野中邦子訳『プラスチック・ビューティー：美容整形の文化史』（平凡社、一九九九）

岩井建樹『この顔と生きるということ』（朝日新聞出版、二〇一九）

谷本奈穂『美容整形と化粧の社会学：プラスティックな身体』（新曜社、二〇〇八）

谷本奈穂『美容整形というコミュニケーション』（花伝社、二〇一八）

キャサリン・ハキム著、田口未和訳『エロティック・キャピタル：すべてが手に入る自分磨き』（共同通信社、二〇一二）、

小林盾『美容資本：なぜ人は見た目に投資するのか』（勁草書房、二〇二〇）

ナオミ・ウルフ著、曽田和子訳『美の陰謀：女たちの見えない敵』（TBSブリタニカ、一九九四）

アレックス・クチンスキー著、草鹿佐恵子訳『ビューティ・ジャンキー：美と若さを求めて暴走する整形中毒者たち』（バジリコ、二〇〇八）

高橋幸『フェミニズムはもういらない、と彼女は言うけれど：ポストフェミニズムと「女らしさ」のゆくえ』（晃洋書房、二〇二〇）

須長史生『ハゲを生きる：外見と男らしさの社会学』（勁草書房、一九九九）
テッド・チャン著、浅倉久志訳『あなたの人生の物語』（早川書房、二〇一二）
井上雅人『ファッションの哲学』（ミネルヴァ書房、二〇一二）
大竹奉一『美容格差時代：進化する美容医療、その光と影』（ディスカヴァー携書、二〇一七）
磯野真穂『ダイエット幻想：やせること、愛されること』（ちくまプリマー新書、二〇一九）

第二章　運動能力を増強する——ドーピングの倫理を考える

レイモン・トマ著、蔵持不三也訳『スポーツの歴史〔新版〕』（白水社、一九九三）
タイラー・ハミルトン著、児島修訳『シークレット・レース』（小学館、二〇一三）
マイケル・サンデル著、林芳紀、伊吹友秀訳『完全な人間を目指さなくてもよい理由：遺伝子操作とエンハンスメントの倫理』（ナカニシヤ出版、二〇一〇）
米村幸太郎「ドーピングは禁止すべきか？」（瀧川裕英編『問いかける法哲学』法律文化社、二〇一六）
川谷茂樹『スポーツ倫理学講義』（ナカニシヤ出版、二〇〇五）
近藤良享『スポーツ倫理　改訂版』（不昧堂出版、二〇一九）

第三章　身体を機械化する——サイボーグ化の倫理を考える

イブ・ヘロルド著、佐藤やえ訳『超人類の時代へ——今、医療テクノロジーの最先端で』（ディスカヴァー21、二〇一七）
丸山正樹『デフ・ヴォイス　法廷の手話通訳士』（文春文庫、二〇一五）
山岸真編『スティーヴ・フィーヴァー　ポストヒューマンSF傑作選』（早川書房、二〇一〇）
アンディ・クラーク著、呉羽真、久木田水生、西尾香苗訳『生まれながらのサイボーグ　心・テクノロジー・知能の

未来』（春秋社、二〇一五）
伊藤亜紗『記憶する体』（春秋社、二〇一九）
宇佐美誠・児玉聡・井上彰・松元雅和『正義論：ベーシックスからフロンティアまで』（法律文化社、二〇一九）
櫻井芳雄『脳と機械をつないでみたら：BMIから見えてきた』（岩波書店、二〇一三）
ダナ・ハラウェイ著、高橋さきの訳『猿と女とサイボーグ自然の再発明　新装版』（青土社、二〇一七）
高橋透『サイボーグ・エシックス』（水声社、二〇〇六）
吉沢文武「死と不死と人生の意味」（『応用倫理』五号、四一－五〇頁、二〇一一）
鈴木生郎「死の害の形而上学」（『科学基礎論研究』三九号、一三－二四頁、二〇一一）
森岡正博「生延長（life extension）の哲学と生命倫理学：主要文献の論点整理および検討」（『人間科学：大阪府立大学紀要』2、六五－九五頁、二〇〇七）
鈴木生郎「不死の望ましさをめぐって：物語的構造と人生の価値」（応用哲学会第五年次研究大会発表）https://researchmap.jp/ikurosuzuki/presentations/7171346/attachment_file.pdf
Williams, Bernard (1973), "The Makropulos Case: Reflections on the Tedium of Immortality", *Problems of the Self Philosophical Papers 1956-1972*, (Cambridge University Press, 1973, pp. 82-100)
鶴田尚美「不死と退屈：ウィリアムズの議論から」（『現代社会研究』第十六号、五五－六五頁、二〇一三）
吉沢文武「死によって誰が害を被るのか：剝奪説を批判する」（『哲学の探究』第三六号、一二九－一四四頁、二〇〇九）
鷲田清一『ちぐはぐな身体：ファッションって何？』（ちくま文庫、二〇〇五）

第四章　認知能力を向上させる——スマートドラッグの倫理を考える

植原亮「薬で頭をよくする社会：スマート・ドラッグにみる自由と公平性、そして人間性」（信原幸弘、原塑編『脳

神経倫理学の展望』勁草書房、一七三－二〇〇頁、二〇〇八）
広瀬巌『平等主義基本論文集』（勁草書房、二〇一八）
植原亮他『エンハンスメント・社会・人間性』（UTCP Booklet8、二〇〇九）
坂口安吾「反スタイルの記」（『坂口安吾全集15』ちくま文庫、一九九一）
ダニエル・キイス著、小尾芙佐訳『アルジャーノンに花束を［新版］』（早川書房、二〇一五）
吉田敬「認知的エンハンスメントと公平性」（『エンハンスメント・社会・人間性』所収）

第五章　気分・感情・性格を変化させる——感情制御の倫理を考える

源河亨『感情の哲学入門講義』（慶應義塾大学出版会、二〇二一）
エレーヌ・フォックス著、森内薫訳『脳科学は人格を変えられるか』（文藝春秋、二〇一七）
デレク・パーフィット著、森村進訳『理由と人格』（勁草書房、一九九八）
ピーター・クレイマー著、渋谷直樹監修、堀たほ子訳『驚異の脳内薬品：鬱に勝つ［超特効薬］』（同朋舎、一九九七）
森岡正博『無痛文明論』（トランスビュー、二〇〇三）
Allen Buchanan, *Beyond Humanity?: The Ethics Of Biomedical Enhancement* (Oxford University Press 2013)
ローリー・アン・ポール著、奥田太郎、薄井尚樹訳『今夜ヴァンパイアになる前に：分析的実存哲学入門』（名古屋大学出版会、二〇一七）

第六章　性を一致させる——性別移行をめぐる倫理を考える

森山至貴『ＬＧＢＴを読みとく：クィア・スタディーズ入門』（ちくま新書、二〇一七）
石井由香理『トランスジェンダーと現代社会』（明石書店、二〇一八）

野宮亜紀、針間克己、大島俊之、原科孝雄、虎井まさ衛、内島豊『性同一性障害って何？：増補改訂版』（緑風出版、二〇一一）
吉野靫『誰かの理想を生きられはしない：とり残された者のためのトランスジェンダー史』（青土社、二〇二〇）
ケイト・マン著、小川芳範訳『ひれふせ、女たち：ミソジニーの論理』（慶應義塾大学出版会、二〇一九）
東優子、虹色ダイバーシティ、ReBit著『トランスジェンダーと職場環境ハンドブック：誰もが働きやすい職場作り』（日本能率協会マネジメントセンター、二〇一八）
遠藤まめた『ひとりひとりの「性」を大切にする社会へ』（新日本出版社、二〇二〇）
ワルトラウト・シッフェルス「まるでコロンブス船出はしたけれど」「男が女になるということ」（バーバラ・カンプラート、ワルトラウト・シッフェルス編著、近藤聡子訳『偽りの肉体：性転換のすべて』（信山社出版、一九九八）所収）
田中玲『トランスジェンダー・フェミニズム』（インパクト出版会、二〇〇六）
西條玲奈「シス特権とトランス嫌悪言説の分析：ジェンダー帰属の通時的固定性とジェンダー規範批判」（二〇二〇）『メタフュシカ：the journal of philosophy and ethics』（五一号、一一一二頁、二〇二〇）
伊藤亜紗『手の倫理』（講談社、二〇二〇）

第七章　遺伝子を操作する——遺伝子操作の倫理を考える

米本昌平、松原洋子、橳島次郎、市野川容孝『優生学と人間社会：生命科学の世紀はどこへ向かうのか』（講談社現代新書、二〇〇〇）
桜井徹『リベラル優生主義と正義』（ナカニシヤ出版、二〇〇七）
NHK「ゲノム編集」取材班『ゲノム編集の衝撃：「神の領域」に迫るテクノロジー』（NHK出版、二〇一六）
青野由利『ゲノム編集の光と闇：人類の未来に何をもたらすか』（ちくま新書、二〇一九）

石井哲也『ゲノム編集を問う：作物からヒトまで』（岩波新書、二〇一七）
アンドリュー・ニコル監督『GATTACA』（ソニー・ピクチャーズエンタテインメント、二〇〇九）

第八章　善人をつくりだす――モラルエンハンスメントの倫理を考える

Ingmar Persson, Julian Savulescu, *Unfit for the Future : The Need for Moral Enhancement* (Oxford University Press 2012))
森岡正博「道徳性の生物学的エンハンスメントはなぜ受け容れがたいのか：サヴァレスキュを批判する」『現代生命哲学研究』（第二号、一〇二‐一二三頁、二〇一三）
髙木裕貴「道徳的エンハンスメントの道徳的問題：ピアソンとサバレスキュの立論に即して」（『医学哲学 医学倫理』第三八号、二〇‐三〇頁、二〇二〇）
森下直貴「モラル・バイオエンハンスメント批判：「モラル向上のために脳に介入すること」をめぐって」（森下直貴編『生命と科学技術の倫理学：デジタル時代の身体・脳・心・社会』（丸善出版、九〇‐一一一頁、二〇一六）
那須耕介・橋本努『ナッジ!?：自由でおせっかいなリバタリアン・パターナリズム』（勁草書房、二〇二〇）
Thomas Douglas "Moral Enhancement" (*Journal of Applied Philosophy* Vol. 25, No. 3, 2008 pp. 228-245)

ちくまプリマー新書381
心《こころ》とからだの倫理学《りんりがく》——エンハンスメントから考《かんが》える

二〇二一年八月十日　初版第一刷発行

著者　佐藤岳詩（さとう・たけし）
装幀　クラフト・エヴィング商會
発行者　喜入冬子
発行所　株式会社筑摩書房
東京都台東区蔵前二‐五‐三　〒一一一‐八七五五
電話番号　〇三‐五六八七‐二六〇一（代表）

印刷・製本　中央精版印刷株式会社

ISBN978-4-480-68406-6 C0212 Printed in Japan